Antologia de Poesia
Afro-Brasileira

150 anos de consciência negra no Brasil

Antologia de Poesia Afro-Brasileira

150 anos de consciência negra no Brasil

Org.: Zilá Bernd

MAZA edições

Copyright 2011 © by Zilá Bernd (Org.).
Todos os direitos reservados.
1ª reimpressão - 2021

Revisão: Libério Neves
Capa: Túlio Oliveira
Projeto Gráfico e Diagramação: Sylvia Vartuli

Organização: Zilá Bernd
Coorganização: Emilene Corrêa Souza; Plínio Carlos Souza Corrêa Junior
Órgão financiador da pesquisa: FAPERGS
Apoio à pesquisa: Unilasalle – Canoas/RS

A634	Antologia de poesia afro-brasileira : 150 anos de consciência negra no Brasil / Zilá Bernd (org.).-- Belo Horizonte: Mazza Edições, 2011. 288p.; 16x23cm.
	ISBN: 978-85-7160-552-7
	1. Poesia afro-brasileira. 2. Poesia brasileira. I. Bernd, Zilá. II. Título.

CDD: B869.1
CDU: 821.134.3-1

MAZZA EDIÇÕES
Rua Bragança, 101 | Pompeia
30280-410 | Belo Horizonte | MG
Telefax: +55 (31) 3481 0591
edmazza@uai.com.br
www.mazzaedicoes.com.br

"*Deus meu! Por uma questão banal da química biológica do pigmento ficam alguns mais rebeldes e curiosos fósseis preocupados, a ruminar primitivas erudições, perdidos e atropelados pelas longas galerias submarinas de uma sabedoria infinita, esmagadora, irrevogável!*

Mas, que importa tudo isso?! Qual é a cor da minha forma, do meu sentir? Qual é a cor da tempestade de dilacerações que me abala? Qual a dos meus sonhos e gritos? Qual a dos meus desejos e febre?"

(CRUZ E SOUZA, João da. Emparedado. In: *Evocações*, 1898)

Abreviaturas:

Emilene Corrêa Souza – E.C.S.
Plínio Carlos Souza Corrêa Junior – P.C.J.
Zilá Bernd – Z.B.

Agradecimentos

Aos autores, que gentilmente cederam seus textos para a composição desta Antologia;
À FAPERGS, pela concessão de bolsa de iniciação científica 2009/2011;
Ao Unilasalle – Canoas/RS, pelo apoio institucional.

Prefácio da edição de 2011

A presente antologia cumpre, desde sua primeira edição, em 1992, papel de relevo junto a pesquisadores, professores e estudantes de nossas letras interessados em ultrapassar os limites da literatura oficialmente estabelecida nos manuais e currículos escolares. Sua aparição soou como canto de esperança para uma pletora de textos e escritores condenados ao esquecimento. Além dos poemas, a antologia contém informações de vida e obra, acrescidas de comentários sobre o projeto poético de cada autor. Destaque-se, ainda, a organização que os situa perante a história da diáspora africana no Brasil, e às diferentes formas de pertencimento ao multifacetado universo cultural dos afrodescendentes. A feliz somatória de poesia, história e identificações em processo estabelece as balizas que iluminam os caminhos dos que se dispõem a conhecer e estudar essas vozes negras saídas do silêncio; bem como sua transformação, desde os lamentos e sussurros de uns, aos gritos vibrantes de indignação que marcam as falas de tantos outros.

A partir de então, muitos estudantes puderam tomar contato com a verve corajosa de Luís Gama e, não sem espanto, saber que tal coragem chegava ao ponto de o autor se proclamar "Orfeu de Carapinha", e pedir inspiração à "Musa da Guiné" cor de carvão. Isto nos idos de 1859, quando a literatura brasileira pós-independência dava seus primeiros passos, e a palavra "negro" era sinônimo de escravo, consequentemente, de ser humano reduzido a mera força física voltada ao trabalho braçal.

Mais adiante, ao lado dos nomes conhecidos de Cruz e Sousa e Abdias do Nascimento, este último muito mais por sua atuação política, o trabalho da pesquisadora revela ainda a força de Lino Guedes e Solano Trindade, vozes poderosas, porém isoladas em meio ao racismo explícito vigente na primeira metade do século XX; e mais Oswaldo de Camargo, Oliveira Silveira, Domício Proença Filho, Eduardo de Oliveira, Paulo Colina e Antônio Vieira, todos precursores da poesia afro-brasileira contemporânea. E, por fim, os jovens da geração 80: Cuti, Miriam Alves, Arnaldo Xavier, Jamu Minka, Márcio Barbosa, Éle Semog, José Carlos Limeira, Jaime Sodré, Jônatas Conceição. Muitos desses nomes persistem ainda hoje distantes do grande público, mas fazem-se presentes tanto por suas obras individuais quanto através das páginas da série *Cadernos negros*, editada ininterruptamente desde 1978 em volumes alternados de contos e poesias.

Dada a escassez de estudos críticos e antologias, durante todos esses anos a coletânea e os trabalhos de Zilá Bernd – ao lado dos citados *Cadernos negros*, das antologias *Axé: antologia contemporânea da poesia negra brasileira*, de Paulo Colina (1982), *O negro escrito* (1986) e *A razão da chama* (1987), de Oswaldo de Camargo – constituíram não só referências obrigatórias para os pesquisadores, mas também fontes preciosas para encontrar textos até então restritos a um pequeno grupo de aficionados ou especialistas.

Quando, em 2001, iniciamos o projeto integrado de pesquisa com vistas ao levantamento desta produção em todas as regiões brasileiras, tais obras aglutinaram-se em ponto de partida e imensa fonte de estímulo. E, se no presente, vemos os textos afro-brasileiros serem mais lidos, levados às salas de aula e objetos de artigos, monografias, dissertações e teses; e se temos disponível na Internet um portal como o **literafro** e, ainda, a publicação da obra *Literatura e afrodescendência no Brasil*, é preciso assinalar a importância desses trabalhos pioneiros.[1]

É em boa hora, portanto, que surge esta segunda edição, agora rebatizada *Antologia de poesia afro-brasileira: 150 anos de consciência negra no Brasil*. Aqui a pesquisadora não só retoma a proposta inicial, mas a amplia, de olhos abertos ao mundo movente composto pelo conjunto de vozes cada vez mais altissonantes. A negritude – enquanto *lugar* e *olhar* afro-identificados – cresce de geração para geração e insere a poesia no canto que alimenta os *rappers* e os participantes dos saraus

---

1. O **literafro** – Portal da Literatura Afro-brasileira está disponível no endereço <www.letras.ufmg.br/literafro> e a coleção Literatura e afrodescendência no Brasil: antologia crítica – integra o catálogo da Editora UFMG.

e rodas de poemas. Tão antiga quanto o ser humano, a arte da palavra está mais do que nunca viva, embalando os sonhos e os sentimentos de toda uma população.

Nesse contexto, é preciso assinalar a presença crescente das vozes femininas, fato cultural da maior relevância, que não escapou à argúcia da pesquisadora, e que remete à força da participação do outrora chamado "segundo sexo" em todas as esferas da produção intelectual e artística contemporânea. Se, no primeiro volume, tínhamos o canto isolado de Miriam Alves, este agora se faz coro, acompanhado dos belos versos de Conceição Evaristo, Leda Maria Martins, Esmeralda Ribeiro, Jussara Santos e Ana Cruz. Tais escritos nos remetem a outras mulheres senhoras da palavra atuantes nesse início de século em praticamente todos os países. Se o texto afro-brasileiro inaugura um fato novo no panorama da literatura nacional das últimas décadas, este é um fenômeno que se deve a homens e mulheres, a ponto de a palavra "poeta" ser usada agora de modo indistinto, tanto para um gênero quanto para o outro.

Cumpre, por fim, saudar o reaparecimento desta obra que tantos méritos traz em suas páginas. A partir de agora, nossos leitores, especialmente os mais jovens, terão novamente a seu alcance uma expressiva amostra da força do verso e da energia infinda do poema afro--brasileiro, com seu leque sempre aberto de sentidos. E, em especial, a chance de mergulharem no canto intenso, pleno de beleza e lições, que nos têm legado os poetas brasileiros afrodescendentes.

Eduardo de Assis Duarte

Prefácio da edição de 1992

Com esta antologia, Zilá Bernd comprova, mais uma vez, o profundo conhecimento do tema em que é, na atualidade, uma das mais conceituadas especialistas: a chamada literatura negra.

Retoma, em certa medida, matéria de sua tese de doutoramento, convertida em livro publicado em 1987, *Negritude e literatura na América Latina,* um pioneiro estudo comparativo entre a literatura negra do Caribe e a sua correlata brasileira.

Desta vez, sem pretensão de oferecer uma visão totalizadora, centraliza sua atenção exclusivamente em textos que considera representativos de uma poesia negra na realidade brasileira.

Nota-se, desde o título, que o livro indicia um posicionamento: a base da seleção que apresenta não é o autor, enquanto negro, mas o texto literário caracterizador de uma condição específica e diferenciada, no âmbito da literatura nacional em que se integra.

Tal posição envolve uma questão ainda situada no tumultuado território da polêmica, o que suscita algumas considerações.

A expressão "literatura negra" corresponde, segundo entendo, a duas conceituações.

Em sentido restrito, pode-se considerar *negra* uma literatura feita por negros ou descendentes assumidos de negros e, como tal, reveladora de visões de mundo, de ideologias e de modos de realização que, por forças de condições atávicas, sociais e históricas, se caracterizam por uma certa especificidade, ligada a um intuito claro de singularidade cultural.

Em sentido amplo, nomeia a arte literária feita por quem quer que seja, desde que reveladora de dimensões específicas da condição do negro ou dos descendentes de negros, enquanto grupo étnico culturalmente singularizado.

Num ou noutro caso, a singularidade, notadamente num povo miscigenado como o brasileiro, vincula-se a elementos que não se restringem à cor da epiderme, ou seja, estende-se a traços ligados a aspectos míticos, socio-históricos e ideológicos.

Claro está que os negros e os descendentes de negros de todos os matizes têm mais possibilidades de carregar, no âmago do seu psiquismo, por força de sua ancestralidade, um potencial de mitos, de ritos, de ritmos, de magia, de sedimentos, de História que se abre à sensibilidade artística e à sua conversão em matéria literária.

Zilá Bernd privilegia na sua seleção a conceituação *stricto sensu*. Embora parta dos textos, escolhe-os também na medida em que seus autores são reconhecidamente negros e mestiços de negro e por força de configurarem a assunção da singularidade cultural que os identifica e com a qual se identificam.

Não é tarefa das mais fáceis. O produto literário de tal natureza tem concedido ênfase, notadamente no Brasil, à dimensão temática e ao testemunho de uma conscientização, necessária diante da discriminação sofrida pelo negro ao longo da história do nosso país.

A autora, entretanto, consegue ultrapassar o desafio e, salvo algumas exceções em que a mensagem se sobrepõe à poesia, reúne poemas que integram opção literária e comprometimento étnico assumido. Além disso, nesse último espaço, assinala, numa classificação pessoal, várias tomadas de posição desprendidas da leitura dos textos, relacionadas com o compromisso revelado. Nesse sentido, adota como balizamentos periodológicos a Abolição da Escravatura e o início de uma ação assumida em defesa da causa do negro.

Assim, no período pré-abolicionista indica a voz isolada de Luiz Gama, a quem atribui um "discurso fundador"; no período pós-abolicionista, destaca Cruz e Sousa, que coloca no limiar da tomada de consciência da problemática existencial do negro, e Lino Guedes, em quem encontra traços, precursores, de elementos afro-brasileiros postos em evidência; distingue um período contemporâneo, que envolve escritores dos anos 30 e chega até a década atual, onde situa textos de dez poetas, distribuídos em função das atitudes que seus poemas deixam perceber: a "consciência resistente", a "consciência trágica", a "consciência dilacerada". Acrescenta ainda exemplos de produções ligadas a dois grupos organizados a partir de 1978.

Entre textos configuradores "dilaceramento", a professora e crítica inclui poemas de *Dionísio esfacelado: quilombo dos Palmares,* de minha autoria, fato que muito me sensibiliza, porque, ao descrevê-los, moveu-me, efetivamente, ao lado do impulso para a poesia, a intenção de contribuir para a recuperação poética da presença do negro na formação cultural do Brasil.

Zilá Bernd não se limita, porém, à simples apresentação dos textos que selecionou a partir do material da pesquisa em que apoiou sua tese: informa ainda sobre os autores e suas obras e enriquece o trabalho com oportunos comentários críticos.

Trata-se de uma publicação que se situa entre as mais sérias e representativas já publicadas, no gênero, em nosso país.

Domício Proença Filho

Sumário

Apresentação da edição de 2011 20

Apresentação da edição de 1992 26

PERÍODO PRÉ-ABOLICIONISTA 27
    O discurso fundador: Luís Gama 29
        Quem sou eu 32
        Lá vai verso! 36
        Saudades do escravo 38

PERÍODO PÓS-ABOLICIONISTA 41
    O limiar da consciência: Cruz e Sousa 43
        Emparedado 46
        Crianças negras 50
    O ressoar dos tantãs: Lino Guedes 53
        Duro com duro. 56
        Dedicatória 57
        Novo rumo! 57
        Santo da terra 58

PERÍODO CONTEMPORÂNEO 59
    A consciência resistente 60
    Solano Trindade 61
        Canto dos Palmares 64
        Quem tá gemendo? 70
        Também sou amigo da América 71
        Cantares da América 72
        Olurum Ekê 73
        Sou negro 74
        Interrogação 75

A consciência dilacerada 76

Eduardo de Oliveira 77

Banzo 80

Gestas líricas da negritude 81

Voz emudecida 82

Túnica de ébano 83

Negra é a cor da minha pele 84

Domício Proença Filho 85

Dionísio esfacelado 89

Via sacra 94

As teias da bordadura 96

Prece 97

Oswaldo de Camargo 99

Quase infantilidade 102

Meu grito 104

Canção amarga 105

Escolha 105

Disfarce 106

Em maio 109

A consciência trágica 110

Abdias do Nascimento 111

Padê de Exu libertador 114

Oliveira Silveira 119

O negro de fogo 122

Décima do negro peão 123

O negro Bonifácio 129

Terra de negros 130

No mapa 132

Outra nega Fulô 133

Cabelos que negam 134

Paulo Colina 135
    Imagens 137
    Pequena balada insurgente 138
    Plano de voo 140
Cuti 141
    Sou negro 145
    Eu negro 146
    Cultura negra 147
    Ferro 148
    Sanga 148
    Trincheira 149
    Negroesia 149
    Tristes trópicos 150

A POESIA AFRO-BRASILEIRA NO FEMININO 151
    Conceição Evaristo 153
    Todas as manhãs 156
    Do velho ao jovem 156
    Vozes-mulheres 158
    Meu rosário 159
    A noite não adormece nos olhos
    das mulheres 160
    Miriam Alves 161
    Momentos de busca 164
    Insone ouço vozes 165
    Pedaços de mulher 166
    Compor, decompor, recompor 168
    Mahin amanhã 169
    Entoa 169
    Afro-brasileiras 170

Leda Maria Martins 171
    Escriba 174
    Imago 174
    Mnemosine 175
Esmeralda Ribeiro 177
    E agora nossa guerreira 180
    Dúvida 181
    Enigma do amor 182
    Ensinamentos 183
Jussara Santos 185
    Ao pé do ouvido 188
    Desço Bahia 189
    Salto do grão 189
    Corpus I 190
Ana Cruz 191
    Cuidado, não vai esquecer a lição 193
    Apaziguados 193
    Retinta 194
    Linguaruda 194
    Senhora do Mundo 195
    Magníficas 195
    Autorrespeito 196

DUAS FACES DA BUSCA IDENTITÁRIA 197
    Enraizamento/raiz única 198
    Adão Ventura 199
    Para um negro 202
    Eu, pássaro preto 202
    Negro forro 203
    Em negro 203
    A cor da pele 204

Oubi Inaê Kibuko	205
Resistir	208
Campo deserto	209
Retrato em claro-escuro	210
Poema armado	211
Jamu Minka	213
Papel de preto	216
Racismo cordial/2	216
Raça & classe	217
Escurecendo	217
Revolução	218
Marcos Dias	219
Dos lúcidos	222
(Dos Quilombhoje)	223
Diário quilombola de lutas	223
Bio/grafia	224
Ronald Augusto	225
I	228
III	229
2	230
8	231

Enraizamento dinâmico/relacional	232
José Carlos Limeira	233
Identidade	236
Mais um negro	236
Diariamente	237
Detalhe relevante	238
Carlos Machado	239
Maturi	241
Heraclitiano	242
Açafrão	243

Éle Semog	245
Atabaques	248
Curiosidades negras	251
Nas calçadas da Lapa	252
Visto daqui o além-mar	253
Dançando negro	254
Edimilson de Almeida Pereira	255
Missa Conga	260
Família lugar	261
Tempo presente	263
Iteques	264
Arturos	265
Sílaba	265
Capelinha	266
Anelito de Oliveira	267
Meio-fio	270
Brancura negra	270
Além da pele	271
A mão	272
A porta	272
REFERÊNCIAS	273
Bibliografia complementar	277
Poesia	277
Prosa	279
Teoria	280
Jornais	287
Multimídia	287

Apresentação da edição de 2011

Em 1992 foi publicada a antologia *Poesia negra brasileira*, com organização de Zilá Bernd. Tal trabalho visava ao resgate da memória social do negro no Brasil através das manifestações poéticas publicadas a partir de 1859, contemplando obras editadas até 1990.

Em virtude da Lei n°. 10.639/03, que objetiva estimular o ensino da história e da literatura afro-brasileiras na Educação Básica, decidiu-se atualizar a referida antologia, introduzindo modificações em seu título: *Antologia de poesia afro-brasileira: 150 anos de consciência negra no Brasil*. Enquanto a apelação "literatura negra" poderia levar à identificação da produção literária com a cor da pele do autor, a apelação "afro-brasileira" remete à origem étnica da maioria dos autores, descendentes de escravos ou ex-escravos, e à comunhão de valores associados à herança cultural africana, deixando de significar/remeter à existência de uma essência negra.

A antologia, que ora trazemos ao público leitor, reedita alguns dos poetas selecionados para a primeira edição e repertoria a produção poética de 1990 a 2010, realizando levantamento biobibliográfico e comentários críticos dos autores que escreveram ao longo dessas últimas duas décadas. A seleção se pautou pela representatividade dos poemas em termos de resgate da memória coletiva e da afirmação identitária, e de seu valor estético.

Poesia negra ou afro-brasileira?

No Brasil, a partir da década de 1970, iniciou-se um debate sobre como denominar a literatura caracterizada pela emergência de um eu enunciador que se assume como negro, identificando-se com a preservação do patrimônio cultural de origem africana. Foi a partir dessa época que se passou a adotar o termo literatura negra. O século XXI trouxe a consolidação do uso dos termos *afro-brasileiro* e *afrodescendente* (do inglês *afro-descendent*), visto que o termo "negro" poderia indicar a epidermização do conceito, isto é, a definição de uma expressão artística pela cor da pele dos autores. Segundo Sueli Meira Liebig (2003, p. 21), "afro-brasileiro é o termo politicamente correto para designar a pessoa da chamada 'raça negra', nascida em nosso país".

Revendo os títulos das principais antologias e obras teórico-críticas, publicadas entre 1980 e 2010, a respeito dessa literatura, é possível afirmar que, com o passar do tempo, a expressão *literatura negra* vem sendo substituída pelo termo *literatura afro-brasileira*, embora ambas as denominações coexistam. Entre diversas obras já publicadas verificamos, a título de exemplificação, a variação de nomenclatura nos títulos: Axé: *antologia contemporânea da poesia negra brasileira* (1982), *Negro e cultura no Brasil* (1987), *Negritude e literatura na América latina* (1987), *Introdução à literatura negra* (1988), *Brasil afro-brasileiro* (2001), *Poéticas afro-brasileiras* (2002), *Identidades negras no romance brasileiro contemporâneo* (2009); *Literafro: portal da literatura afro-brasileira* (2004), *Dicionário de personagens afro-brasileiros* (2009). Esses títulos confirmam que ainda hoje ambas as expressões são tomadas como sinônimos por muitos, cabendo ao autor, seja teórico, poeta ou ficcionista, a escolha da expressão que melhor corresponda a seu posicionamento.

De acordo com estudos realizados em diversos autores teóricos a respeito de sua singularidade, é possível afirmar que a literatura negra ou afro-brasileira apresenta especifidades, entre as quais:

a) a temática dominante é o negro na sociedade, o resgate de sua memória, tradições, religiões, cultura e a denúncia contra o drama da marginalidade do negro na sociedade brasileira devido, sobretudo, à persistência de diferentes formas de preconceito;

b) o ponto de vista é o do negro que emerge no poema como o *eu* enunciador, assumindo as rédeas de sua enunciação;

c) a linguagem possui vocabulário próprio associado à oralidade da cultura negra;

d) o imaginário corresponde ao conjunto de representações que uma comunidade tem de si mesma e mediante o qual se opera a paulatina construção identitária.

Eduardo de Assis Duarte, autor de vasta antologia disponível no *site* **literafro**, em artigo intitulado *Por um conceito de literatura afro-brasileira*, define a literatura afro-brasileira:

a) pela temática: preferencialmente temas relativos ao negro;

b) pela autoria: "literatura é discursividade e a cor da pele será importante enquanto *tradução textual* de uma história própria ou coletiva" (DUARTE, 2010, p. 127, grifo do autor);

c) pelo ponto de vista: relato dos fatos a partir de uma ótica negra;

d) pela linguagem: vocabulário, ritmo, sonoridades das línguas africanas;

e) pelo público: literatura destinada preferencialmente a um público negro que se busca conscientizar. A partir de tal definição o pesquisador, embora opte pela denominação "afro-brasileira", a vincula à pertença étnica dos escritores.

Nesse sentido, concorda-se com a pesquisadora Luiza Lobo, que aponta para a importância da denominação "literatura afro-brasileira", apelação necessária para "arrancar a literatura negra do reduto reducionista da literatura em geral que a trata como tema folclórico, exótico ou como estereótipo" (LOBO apud DUARTE, 2010, p. 120). Assim, o conceito de literatura afro-brasileira associa-se à existência, no Brasil, de uma articulação entre textos dada por um modo negro de ver e sentir o mundo, transmitido por um discurso caracterizado, seja no nível da escolha lexical, seja no nível dos símbolos utilizados ou da construção do imaginário, pelo desejo de resgatar uma memória negra esquecida. A assim chamada literatura afro-brasileira ou negra, na preferência de grande número de poetas, é negra porque exprime a experiência comum de opressão e de preconceitos sofridos por um grupo que anseia por exprimir plenamente sua subjetividade. Revoga-se, assim, uma poética tradicional, que imperava na literatura brasileira, onde o negro era o *outro*, era *objeto* (citado na terceira pessoa do discurso, ou seja "aquele de quem se fala"), para passar a *sujeito* da enunciação, ou seja, aquele que fala em primeira pessoa do singular ou do plural (quando o poeta se coloca como porta-voz da comunidade à qual pertence).

A Lei 10.639/03

A partir da promulgação dessa Lei torna-se obrigatório o ensino de história e cultura afro-brasileiras em todas as escolas do País. Em que pese ao enorme ganho político que tal Lei representa para as comunidades negras, que sempre almejaram ver esta inclusão realmente efetivada desde as primeiras séries do Ensino Básico, a Lei pecou por não prever a importante questão da capacitação docente para a inclusão dessas novas disciplinas. Os cursos de formação de professores não foram modificados e, com isso, a grande maioria dos professores não tem a capacitação necessária para se adaptar às mudanças curriculares. Buscando preencher essa lacuna, apresenta-se a proposta de utilizar a *Antologia de literatura afro-brasileira* como ferramenta para viabilizar a aplicação da Lei. Disponibilizar a professores e bibliotecas escolares uma antologia poética, das origens aos dias de hoje, pode contribuir para fornecer os subsídios necessários para a aplicação da Lei, além de servir como material para enriquecer aulas e apresentações de alunos. Considerando-se as dificuldades para obter este material, devido ao fato de a maioria dos autores da literatura afro-brasileira publicar em pequenas editoras sem distribuição nacional, verifica-se o potencial de funcionalidade que uma antologia traz em seu bojo.

Cumpre também pensar na literatura como o lugar privilegiado de gestação e reatualização da consciência negra e de reconstrução da subjetividade. Projetos de elaboração de antologias temáticas sobre literatura afro-brasileira podem se constituir em contribuição fundamental a esse processo. Tomada a poesia como forma privilegiada de extravasar a consciência negra, é possível afirmar que a inclusão da literatura negra na educação contribui não só para o (re)conhecimento da cultura negra e suas origens entre os alunos, mas também para que os demais possam conscientizar-se do preconceito que perdura até hoje na sociedade brasileira, como legado da escravidão.

As tendências identitárias

Relendo os 126 poemas de 27 autores aqui reunidos, é possível apontar tendências distintas de construção identitária que não se apresentam em termos diacrônicos, isto é, em uma perspectiva de "evolução" no tempo, mas que por vezes se entrecruzam e convivem no âmbito da poética de um mesmo autor. São elas:

a) tendência ao **enraizamento identitário**: a poética resultante dessa tendência alicerça-se na afirmação identitária a partir da recuperação de resíduos memoriais que podem unir a comunidade negra em sua luta contra preconceitos e até discriminações remanescentes na sociedade brasileira ainda hoje. Esse processo pode tender a construções identitárias redutoras – de raiz única – já que o quadro de referências em que se apoiam irá limitar-se ao âmbito da comu-nidade negra. Se por um lado, em determinados momentos da caminhada rumo à plena afirmação das subjetividades, essas ações afirmativas fazem-se necessárias, há o risco de esse tipo de identidade construir-se sem levar em consideração as alteridades da nação brasileira, que se autoproclama mestiça – criando barreiras e cordões de isolamento;

b) tendência ao **enraizamento dinâmico e relacional**: aqui a base da argumentação é o conceito criado por Michel Maffesoli de *enracinement dinamique* que, ao mesmo tempo em que considera fundamental a afirmação da identidade, preconiza sua construção no respeito à diversidade e na abertura para a relação com o outro. Trabalha com a perspectiva de que vários níveis de identidade podem ser contemplados simultaneamente e que o sujeito negro é também brasileiro, profissional, que pertence a um gênero e desempenha um papel na sociedade que ele quer igualitária e solidária. Alguns falam de *enracinerrance* (enraizerrância), ou seja, prefiguram movimentos identitários em constantes processos de mobilidade e de abertura às demais culturas em presença no Brasil e nas Américas. Segundo Rita Godet, *enracinerrance* é um neologismo que funde os termos enraizar e errância, segundo o escritor o escritor haitiano Jean-Claude Charles. "Esse termo expressaria a abertura ao outro e ao alhures (*ailleurs* em francês), mas a partir de si e para voltar a si" (GODET, 2010). O historiador canadense, Jocelyn Létourneau (apud GODET, 2010) afirma que a *enracinerrance* "é uma passagem libertadora, mas também sofrida em direção ao outro como uma etapa necessária ao ciclo de reprodução do eu que comporta uma dimensão crítica sobre si capaz de conduzir à mudança".

Como a antologia pode ser utilizada

Sugere-se aos leitores e aos docentes que, para um melhor aproveitamento da antologia em sala de aula, as seguintes questões sejam abordadas:

a) levantamento e análise dos principais símbolos, como instrumentos musicais e aparelhos de tortura usados durante a escravidão, reutilizados poeticamente como símbolos de resistência;

b) menção a figuras históricas e míticas, como Zumbi dos Palmares, comparando como tais figuras são apresentadas nos livros de História do Brasil;

c) temáticas recorrentes nos diferentes períodos em que os poemas estão apresentados, verificando se há modificações importantes;

d) análise da enunciação feminina para verificar que, para além da consciência negra, põe-se também em jogo a afirmação da identidade de gênero;

e) estudo do vocabulário da senzala, ou seja, dos termos utilizados pelos negros no período escravocrata, verificando os sentidos de seu emprego pelos poetas;

f) levantamento das marcas de enunciação que se caracterizam como especificidade da poesia negra ou afro-brasileira;

g) levantamento das "armas poéticas" (argumentação) empregadas pelos poetas para combater o racismo e para conscientizar os membros de sua comunidade;

h) análise do retrato da sociedade brasileira entre os séculos XIX e XXI, a partir do ponto de vista do negro;

i) comparação da tendência de determinados autores a rememorar constantemente eventos do passado, enquanto outros retratam o presente e outros, ainda, constroem ideias e expectativas de futuro. (E.C.S.; P.C.J.; Z.B.)

Apresentação da edição de 1992

A *Antologia de Poesia Negra Brasileira*, editada em 1992, objetivava reunir, em um período de cem anos de história literária brasileira, a construção e a evolução de uma consciência negra e sua expressão através do texto poético.

O projeto dessa Antologia se fundamentou: no interesse em resgatar a participação do negro na literatura brasileira, acompanhando a construção de uma identidade negra expressa através do discurso poético, para assinalar a passagem do Centenário da Abolição da Escravatura a partir de uma perspectiva crítica; na preocupação de recuperar textos poéticos que, apesar de seu valor estético e de se constituírem no espaço privilegiado da emergência de uma consciência de ser negro no panorama da literatura brasileira, são muito pouco valorizados pela história literária "oficial", não fazendo, portanto, parte dos currículos das escolas; na quase inexistência de antologias e de bibliografias sobre literatura negra no Brasil, ao contrário de outros países com grande população de descendência africana, onde abundam as obras antológicas, elemento indispensável não apenas para nortear futuras pesquisas como para divulgar esta vertente da literatura brasileira em escolas e universidades, alargando, assim, o horizonte dos alunos e provendo-os dos subsídios necessários à sua tomada de consciência de integrarem um país multiétnico e plurirracial.

A seleção de textos obedeceu rigorosamente ao critério da representatividade dos autores (autores com no mínimo duas ou três obras publicadas), do grau de literariedade de suas produções e pautou-se por uma classificação estabelecida por mim em *Negritude e literatura na América Latina* (1987). (Z.B.)

PERÍODO PRÉ-ABOLICIONISTA

Luís Gama

Durante o II Reinado, o Brasil passou por uma fase de relativa estabilidade sob a batuta de D. Pedro II. Apesar de o governo autoproclamar-se liberal, o regime já exaurido da escravidão, instituído 300 anos antes, permanecia vigente como parte da estrutura social. A única conquista importante desse período foi a proibição do tráfico negreiro em 1850, seguida das leis paliativas do Ventre Livre em 1871 e dos Sexagenários em 1885. É surpreendente encontrarmos produção poética afro-brasileira em pleno período escravocrata. O caso de Luís Gama torna-se, portanto, ímpar no panorama da literatura brasileira por tratar-se de um escravo alforriado que passou a valer-se da literatura para criticar a sociedade escravagista da época. Quando escreve seu primeiro livro, a campanha abolicionista adquire força no contexto social e político, porém o poeta morre antes da abolição formal da escravatura através da assinatura da Lei Áurea em 1888.

Apesar de seu ineditismo pelas estratégias de ironia e sarcasmo que utiliza para corroer um sistema anacrônico – a escravidão já havia sido abolida em vários países da América –, Luís Gama não foi um caso único. No Maranhão, Maria Firmina dos Reis – que viveu entre 1825 e 1917, filha bastarda de um senhor com uma de suas escravas – foi pioneira por ter sido a primeira mulher negra a formar-se como professora e a produzir uma obra literária em prosa e verso, embora apenas atualmente tenha encontrado reconhecimento no cenário nacional. Como sua obra mais importante, o livro Úrsula, de 1859, é em prosa, deixamos de incluí-la na presente Antologia. Assinalamos, contudo, o fato de ela ter sido autora do Hino da Abolição dos Escravos:

"Quebrou enfim a cadeia
Da nefanda Escravidão!
Aqueles que antes oprimias,
Hoje terás como irmão!"
(In: site Literafro)

O discurso fundador: Luis Gama

Biografia

Luís Gonzaga Pinto da Gama nasceu em Salvador, Bahia, em 21 de junho de 1830. Filho de mãe africana – Luiza Mahin, mais de uma vez presa por suspeita de participação em planos de libertação de escravos – e pai português – fidalgo pertencente a uma importante família baiana. Aos dez anos, foi vendido pelo próprio pai como escravo, sendo levado até a Província de São Paulo. Fugindo da casa de seus senhores em 1848, readquiriu sua liberdade e entrou para o exército, sendo soldado durante seis anos. A partir de 1850, torna-se um incansável defensor da causa abolicionista e jornalista ligado aos círculos do Partido Liberal. Impedido de fazer o curso jurídico na faculdade torna-se advogado provisionado, prestando gratuitamente aos negros assistência nos casos de escravidão ilegal e abolições individuais. Participou da fundação do Partido Republicano Paulista e, em 1880, foi líder da Mocidade Abolicionista e Republicana. Vítima de diabetes, faleceu no dia 24 de agosto de 1882, tendo sido sepultado em São Paulo.

Bibliografia

Publicações:
Primeiras trovas burlescas. São Paulo: Tipografia Dois de Dezembro, 1859.
Diabo Coxo. Semanário publicado entre 1864 e 1865 em São Paulo.

Participações:
Antologia dos poetas brasileiros da fase romântica (Org. Manuel Bandeira). Rio de Janeiro: Ministério da Educação e Saúde, 1937.
Antologia de humorismo e sátira: de Gregório de Matos a Vão Gôgo (Org. Raimundo Magalhães Júnior). São Paulo: Civilização Brasileira, 1957.
Panorama da poesia brasileira (Org. Antônio Soares Amora). São Paulo: Civilização Brasileira, 1959. v. 2.
Poesia romântica: antologia (Org. Péricles Eugênio ds Silva Ramos). São Paulo: Melhoramentos, 1965.
Antologia de antologias: 101 poetas brasileiros "revisitados" (Org. Magali Trindade Gonçalves, Zélia Maria Thomaz de Aquino, Zina Bellodi Silva). São Paulo: Musa, 1995.
Antologia do negro brasileiro (Org. Edison Carneiro). Rio de Janeiro: Agir, 2005.

Comentário crítico

Tendo sido contemporâneo de Castro Alves, Luiz Gama não ocupou, como seu contemporâneo baiano, os espaços da consagração, mas os da sombra e do esquecimento. Só recentemente sua obra vem sendo alvo de inúmeras releituras e reedições, revalorizando o pioneirismo do autor. Seu livro satírico *Primeiras trovas burlescas* (1859) funciona como um verdadeiro divisor de águas na Literatura Brasileira, na medida em que funda uma linha de indagação sobre a identidade, com forte tom irônico, a qual será trilhada até hoje pela poesia negra no Brasil. O poema "Quem sou eu?", também conhecido como "Bodarrada", quebra a tradição oitocentista, onde o negro era apenas tema, objeto – figurando na produção literária sempre na terceira pessoa – para apresentar o negro como sujeito que assume seu discurso em primeira pessoa. Utilizando-se da paródia, Luiz Gama trafega no contrafluxo dos usos literários de seu tempo, devolvendo ao branco a "pedra" que este lhe atirava, chamando-o pejorativamente de "bode". Ao assumir essa palavra com orgulho, Luiz Gama reverte o esquema tradicional, destronando a arrogância das elites e propondo a abolição das desigualdades sociais e étnicas vigentes. Sobre ele, assim se referiu Silvio Romero (1973): "Eu disse uma vez que a escravidão nacional nunca havia produzido um Terêncio, um Epíteto ou sequer, um Espártaco. Há agora uma exceção a fazer: a escravidão, entre nós, produziu Luiz Gama, que teve muito de Terêncio, de Epíteto e de Espártaco". (Z.B.)

Seleção de poemas

 Quem sou eu?
In: Primeiras trovas burlescas, 1859.

"Quem sou eu? que importa quem?
Sou um trovador proscripto,
Que trago na fronte escripto
Esta palavra – Ninguém! –"
　　　　A.E. Zaluar – *Dores e flores*

Amo o pobre, deixo o rico,
Vivo como o Tico-tico;
Não me envolvo em torvelinho,
Vivo só no meu cantinho
Da grandeza sempre longe
Como vive o pobre monge.
Tenho mui poucos amigos,
Porém bons que são antigos,
Fujo sempre à hipocrisia,
À sandice, à fidalguia;
Das manadas de Barões?
Anjo Bento, antes trovões.
Faço versos, não sou vate.
Digo muito disparate,
Mas só rendo obediência
À virtude, à inteligência:
Eis aqui o *Getulino*
Que no plectro anda mofino.
Sei que é louco e que é pateta
Quem se mete a ser poeta;
Que no século das luzes,
Os birbantes mais lapuzes,
Compram negros e comendas,

Têm brasões, não – das Calendas,
E, com tretas e com furtos
Vão subindo a passos curtos;
Fazem grossa pepineira,
Só pela *arte do Vieira*,
E com jeito e proteções,
Galgam altas posições!
Mas eu sempre vigiando
N'essa súcia vou malhando
De tratantes, bem ou mal
Com semblante festival.
Dou de rijo no pedante
De pílulas fabricante,
Que blasona arte divina,
Com sulfatos de quinina,
Trabusanas, xaropadas,
E mil outras patacoadas,
Que, sem pinga de rubor,
Diz a todos, que é DOUTOR!
Não tolero o magistrado,
Que do brio descuidado
Vende a lei, trai a justiça
– Faz a todos injustiça.
Com rigor deprime o pobre,
Presta abrigo ao rico, ao nobre,
E só acha horrendo crime
No mendigo, que deprime.
– Neste dom com dupla força,
Té que a manha perca ou torça.
Fujo às léguas do logista,
Do beato e do *sacrista* –
Crocodilos disfarçados,
Que se fazem muito honrados,
Mas que, tendo ocasião,
São mais feros que o Leão.
Fujo ao cego lisonjeiro,

Que, qual ramo de salgueiro,
Maleável, sem firmeza,
Vive à lei da natureza;
Que, conforme sopra o vento,
Dá mil voltas num momento.
O que sou, e como penso,
Aqui vai com todo o senso,
Posto que já veja irados
Muitos lorpas enfunados,
Vomitando maldições,
Contra as minhas reflexões.
Eu bem sei que sou tal Grilo
De maçante e mau estilo;
E que os homens poderosos
Desta arenga receosos
Hão de chamar-me – tarelo,
Bode, negro, Mongibello;
Porém eu que não me abalo,
Vou tangendo meu badalo
Com repique impertinente,
Pondo a trote muita gente.
Sou negro sou, ou sou bode
Pouco importa. O que isto pode?
Bodes há de toda casta,
Pois que a espécie é muito vasta...
Há cinzentos, há rajados,
Baios, pampas e malhados,
Bodes negros, *bodes brancos.*
E, sejamos todos francos,
Uns plebeus, e outros nobres,
Bodes ricos, bodes pobres,
Bodes sábios, importantes,
E também alguns tratantes...
Aqui, nesta boa terra
Marram todos, tudo berra;
Nobres Condes e Duquesas,

Ricas Damas e Marquesas,
Deputados, senadores,
Gentis-homens, vendedores;
Belas Damas emproadas,
De nobreza empantufadas;
Repimpados principotes,
Orgulhosos fidalgotes,
Frades, Bispos, Cardeais,
Fanfarrões imperiais,
Gentes pobres, nobres gentes
Em todos há *meus parentes.*
Entre a brava *militança*
Fulge e brilha alta *bodança*;
Guardas, Cabos, Furriéis,
Brigadeiros, Coronéis,
Destemidos Marechais,
Rutilantes Generais,
Capitães de mar e guerra,
– Tudo marra, tudo berra –
Na suprema eternidade,
Onde habita a Divindade,
Bodes há santificados,
Que por nós são adorados.
Entre o coro dos Anjinhos
Também há muitos bodinhos.
O amante Syringa
Tinha pelo e má catinga;
O deus Mendes, pelas contas,
Na cabeça tinha pontas;
Jove quando foi menino,
Chupitou leite caprino;
E, segundo o antigo mito,
Também Fauno foi cabrito.
Nos domínios de Plutão,
Guarda um bode no Alcorão;
Nos lundus e nas modinhas

São cantadas as bodinhas:
Pois se todos têm *rabicho*,
Para que tanto capricho?
Haja paz, haja alegria,
Folgue e brinque a bodaria;
Cesse pois a matinada,
Porque tudo é *bodarrada*!

 Lá vai verso!
In: *Primeiras trovas burlescas*, 1859.

"Quero também ser poeta,
Bem pouco, ou nada me importo
Se a minha veia é discreta.
Se a via que sigo é torta."

F. X. de Novaes

Alta noite, sentindo o meu bestundo
Pejado, qual vulcão de flama ardente,
Leve pluma empunhei, incontinenti
O fio das ideias fui traçando.

As Ninfas invoquei para que viessem
Do meu estro voraz o ardimento;
E depois revoando ao firmamento,
Fossem do *Vate* o nome apregoando.

Oh! Musa de Guiné, cor de azeviche,
Estátua de granito denegrido,
Ante quem o Leão se põe rendido,
Despido do furor de atroz braveza;
Empresta-me o cabaço *d'urucungo*,
Ensina-me a brandir tua marimba,
Inspira-me a ciência da *candimba*,
Às vias me conduz d'alta grandeza.

PERÍODO
PRÉ-ABOLICIONISTA
O discurso fundador:
Luis Gama

Quero a glória abater de antigos vates,
Do tempo dos heróis armipotentes;
Os Homeros, Camões – aurifulgentes,
Decantando os *Barões* da minha Pátria!
Quero gravar as lúcidas colunas
Obscuro poder da parvoíce,
E a fama levar da vil sandice
Às longínquas regiões da velha Bactria!

Quero o mundo me encarando veja,
Um retumbante *Orfeu de carapinha*
Que a Lira desprezando, por mesquinha,
Ao som decanta de Marimba augusta;
É, qual outro Arion entre os Delfins,
Os ávidos piratas embaindo –
As ferrenhas palhetas vai brandindo
Com estilo que preza a Líbia adusta.

Com sabença profusa irei cantando
Altos feitos da gente *luminosa*.
Que a trapaça movendo portentosa
À mente assombra, e pasma a natureza!
Espertos eleitores de *encomenda*.
Deputados, Ministros, Senadores,
Galfarros Diplomatas – chuchadores,
De quem reza a cartilha da esperteza.

Caducas Tartarugas – desfrutáveis,
Velharrões tabaquentos – sem juízo,
Irrisórios fidalgos – *de improviso*,
Finórios traficantes – *patriotas*;

Espertos maganões de *mão ligeira*,
Emproados juízes de *trapaça*,
E outros que de honrado têm *fumaça*,
Mas que são refinados agiotas.

Nem eu próprio à festança escaparei;
Com foros de *Africano fidalgote*,
Montando num *Barão* com ar de zote –
Ao rufo do tambor e das zabumbas
Ao som de mil aplausos retumbantes,
Entre os netos da Ginga, meus parentes,
Pulando de prazer e de contentes –
Nas danças entrarei d'altas *cayumbas*.

 ## Saudades do escravo
In: *Primeiras trovas burlescas 1859.*

Escravo – não, não morri
Nos ferros da escravidão;
Lá nos palmares vivi,
Tenho livre o coração!
Nas faces ensanguentadas
Sinto as torturas de cá;
Deste corpo desgraçado
Meu espírito soltado
Não partiu – ficou-me lá!...

Naquelas quentes areias
Naquela terra de fogo,
Onde livre de cadeias
Eu corria em desfogo...
Lá nos confins do horizonte
Lá nas planícies... nos montes...
Lá nas alturas do céu...
De sobre a mata florida
Esta minh'alma perdida
Não veio – só parti eu.

39
PERÍODO
PRÉ-ABOLICIONISTA
O discurso fundador:
Luis Gama

A liberdade que eu tive
Por escravo não perdia-a;
Minh'alma que lá só vive
Tornou-me a face sombria,
O zunir de fero açoite
Por estas sombras da noite
Não chega; não, aos palmares!
Lá tenho terras e flores...
Minha mãe... os meus amores...
Nuvens e céus... os meus lares!

Não perdi-a – que é mentira
Que eu viva aqui onde estou;
A toda hora suspira
Meu coração – pra lá vou!
Oiço as feras da floresta,
Em feia noite como esta
Enchendo o ar de pavor!
Oiço, oh! oiço entre os meus prantos
Além dos mares os cantos
Das minhas aves de amor!

Oh! Nuvem da madrugada
Oh! Viração do arrebol.
Leva meu corpo à morada
Daquela terra do sol!
Morto embora nas cadeias
Vai pousá-la nas areias
Daqueles planos d'além,
Onde me chorem gemidos,
Pobres ais, prantos sentidos,
Na sepultura que tem!

Escravo – não, ainda vivo,
Inda espero a morte ali:
Sou livre embora cativo,

Sou livre, inda não morri!
Meu coração bate ainda.
Nesse bater que não finda;
Sou homem – Deus o dirá!
Deste corpo desgraçado
Meu espírito soltado
Não partiu – ficou-me de lá!

PERÍODO PÓS-ABOLICIONISTA

Cruz e Souza

e

Lino Guedes

Esse período abrange a Abolição e os primeiros anos do Brasil republicano. Embora Cruz e Souza viva essa fase de grandes mudanças paradigmáticas no panorama político brasileiro, o poeta permanece em estado de profunda angústia por ver que as mudanças políticas em nada alteraram a situação marginalizada do negro no Brasil, pois a população branca continuava vendo, nos negros, o estigma da escravidão. Vive-se uma era de forte preconceito racial, que só muitos anos mais tarde começa a ser superado. A Abolição, em nosso país, não foi complementada por leis que buscassem a inserção social dos negros, que rapidamente se marginalizaram, passando das senzalas às periferias urbanas – hoje conhecidas como favelas.

Lino Guedes vive o período da República Velha, de uma falsa democracia: apenas cerca de 3% da população tinha direito a voto – eram excluídos os analfabetos, os mendigos, os clérigos, os praças e as mulheres. Consequentemente, a grande maioria dos brasileiros – incluindo-se aí a população negra – não era representada nas instituições de governo. A década de 1920 a 30 encontrou uma população negra imobilizada por duas poderosas forças ideológicas: o branqueamento, que se tornou o ideal a ser atingido, principalmente, pela burguesia e se manifestou pela imitação do "estilo branco" tanto no nível dos caracteres físicos quanto morais e culturais, e a democracia racial, que fazia com que todos acreditassem que vivíamos em um país livre de preconceitos ou discriminações e onde todas as raças tinham igualdade de oportunidades. O poeta está na origem de um movimento de conscientização da comunidade negra sobre a necessidade de rememorar sua história – que havia sido oficialmente apagada durante a virada do século – e de afirmar sua identidade.

O limiar da consciência: Cruz e Souza

Biografia

João da Cruz e Sousa nasceu em Desterro, Santa Catarina (atual Florianópolis) em 24 de novembro de 1861. Era filho de escravos libertos, pertencentes ao Marechal Guilherme Xavier de Sousa, que o tutelou até a adolescência. Em sua juventude, militou na imprensa catarinense pela causa abolicionista. Publica sua primeira obra em 1885, um livro em prosa em parceria com Virgílio Várzea. Passa a vida lutando contra o preconceito racial, em especial o da crítica literária – sua obra é execrada pela crônica da época, que também fazia comentários jocosos em relação à cor da pele do autor. Em 1890 transfere-se para o Rio de Janeiro, sempre lutando contra a miséria. Enfrenta ainda a doença mental da esposa e a morte de dois de seus quatro filhos. Sofrendo de tuberculose, Cruz e Souza muda-se para a estação mineira de Sítio. Sua saúde piora, e o poeta falece em 19 de março de 1898.

Bibliografia

Publicações:
Julieta dos Santos. Folheto publicado com Virgílio Várzea e Manoel dos Santos Lostada, em 1883, em Desterro.
Tropos e fantasias (com Virgílio Várzea). Desterro: Regeneração, 1885.
Missal. Rio de Janeiro: Magalhães & Cia., 1893.
Broquéis. Rio de Janeiro: Magalhães & Cia., 1893.
Evocações. Rio de Janeiro: Aldina, 1898.
Faróis. Rio de Janeiro: Instituto Profissional, 1900.
Últimos sonetos. Paris: Aillaud & Cia., 1905.

Participações:
Antologia brasileira: coletânea em prosa e verso de escritores nacionais (Org. Eugenio Werneck). Rio de Janeiro: F. Alves, 1941.
Antologia dos poetas brasileiros da fase simbolista (Org. Manuel Bandeira). Rio de Janeiro: Edições de Ouro, 1965.
Antologia de antologias: 101 poetas brasileiros "revisitados" (Org. Magali T. Gonçalves, Zélia M. T. de Aquino e Zina B. Silva). São Paulo: Musa, 1995.
Cinco séculos de poesia: antologia de poesia clássica brasileira (Org. Frederico Barbosa). São Paulo: Landy, 2000.
Antologia SM (Org. Antonio V. S. Pietroforte e Glauco Mattoso). São Paulo: Annablume, 2008.

Comentário crítico

A poesia de Cruz de Sousa situa-se em um período caracterizado por uma tomada de consciência da situação de preconceito e discriminação, a qual transparece no tecido poético, principalmente no nível do implícito, dos simbolismos e do não-dito. A denúncia e a revolta são legíveis mais nos vazios e nas evocações do texto do que propriamente na construção dos poemas. Se nas obras mais conhecidas não se podem apontar exemplos de um eu-lírico reivindicando sua negritude, isto não quer dizer que a questão do grau de consciência negra de Cruz de Sousa esteja encerrada. A análise do longo poema em prosa, "Empa-redado", revela, pela primeira vez na poesia brasileira, uma postura crítica em face da preconceituosa sociedade da época, feita por um negro que assume sua condição de negro "emparedado" no mundo branco, oprimido entre quatro paredes: a primeira constituída pelo Egoísmo e pelos Preconceitos; a segunda, pela Ciência e pelas Críticas; a terceira, pelos Despeitos e pela Impotência, enquanto a última, pela Imbecilidade e pela Ignorância. Invocando como musa inspiradora de seu poema, a Noite "feiticeira e misericordiosa", Cruz e Sousa assume a enunciação em primeira pessoa para desvendar o tema da "raça da África", criticando a visão que a considera *bárbara*. Cruz e Sousa questiona este "conceito de barbárie", devolvendo-o aos brancos a quem considera como "mais bárbaros". O poeta de Santa Catarina consegue, na última década do século XIX, propor a reflexão da demolição da ideologia que pretende estabelecer falsos vínculos entre raça (ou cor da pele) e produção de determinada cultura. (Z.B.)

Seleção de poemas

Emparedado

In: Evocações, 1898.

Ah! Noite! feiticeira Noite! ó Noite misericordiosa, coroada no trono das Constelações pela tiara de prata e diamantes do Luar, Tu, que ressuscitas dos sepulcros solenes do Passado, tantas Esperanças, tantas Ilusões, tantas e tamanhas Saudades, ó Noite! Melancólica! Soturna! Voz triste, recordativamente triste, de tudo o que está morto, acabado, perdido nas correntes eternas dos abismos bramantes no Nada, ó Noite meditativa! fecunda-me, penetra--me dos fluidos magnéticos do grande Sonho das tuas Solidões panteístas e assinaladas, dá-me as tuas brumas paradisíacas, dá-me os teus cismares de Monja, dá-me as tuas asas reveladoras, dá-me as tuas auréolas tenebrosas, a eloquência de ouro das tuas Estrelas, a profundidade misteriosa dos teus sugestionamentos fantasmas, todos os surdos soluços que rugem e rasgam o majestoso Mediterrâneo dos teus evocativos e pacificadores Silêncios!

Uma tristeza fina e incoercível errava nos tons violáceos vivos daquele fim suntuoso de tarde aceso ainda nos vermelhos sanguíneos, cuja cor cantava-me nos olhos, quente, inflamada, na linha longe dos horizontes em largas faixas rutilantes.

[...]

Eu trazia, como cadáveres que me andassem funambulescamente amarrados às costas, num inquietante e interminável apodrecimento, todos os empirismos preconceituosos e não sei quanta camada morta, quanta raça de África curiosa e desolada que a Fisiologia nulificara para sempre com riso haeckeliano e papal!

Surgido de bárbaros, tinha de domar outros mais bárbaros ainda, cujas plumagens de aborígene alacremente flutuavam através dos estilos. Era mister romper o Espaço toldado de brumas, rasgar as espessuras, as densas argumentações e saberes, desenhar os juízes altos, por decreto e por lei, e, enfim, surgir...

Era mister rir com serenidade e afinal com tédio dessa celulazinha bitolar que irrompe por toda parte, salta, fecunda, alastra, explode, transborda e se propaga.

Era mister respirar a grandes haustos na Natureza, desafogar o peito das opressões ambientes, agitar desassombradamente a cabeça diante da liberdade absoluta e profunda do Infinito.

Era mister que me deixassem ao menos ser livre no Silêncio e na Solidão. Que não me negassem a necessidade fatal, imperiosa, ingênita, de sacudir com liberdade e com volúpia os nervos e desprender com largueza e com audácia o meu verbo soluçante, na força impetuosa e indomável da Vontade.

[...]

E é por isso que eu ouço, no adormecimento de certas horas, nas moles quebreiras de vagos torpores enervantes, na bruma crepuscular de certas melancolias, na contemplatividade mental de certos poentes agonizantes, uma voz ignota, que parece vir do fundo da Imaginação ou do fundo mucilaginoso do Mar ou dos mistérios da Noite – talvez acordes da grande Lira noturna do Inferno e das harpas remotas de velhos céus esquecidos, murmurar-se:

– "Tu és dos de Cam, maldito, réprobo, anatematizado! Falas em Abstrações, em Formas, em Espiritualidade, em Requintes, em Sonhos! Como se tu fosses das raças de ouro e da aurora, se viesses dos arianos, depurado por todas as civilizações, célula por célula, tecido por tecido, cristalizado o teu ser num verdadeiro cadinho de ideias, de sentimentos – direito, perfeito, das perfeições oficiais dos meios convencionalmente ilustres! Como se viesses do Oriente, reil, em galeras, dentre opulências, ou tivesses a aventura magna de ficar perdido em Tebas, desoladamente cismado através de ruínas; ou iríada, peregrina e fidalga fantasia dos Medievos, ou a lenda colorida e bizarra por haveres adormecido e sonhado, sob o ritmo claro dos Astros, junto às priscas margens venerandas do Mar Vermelho!

Artista! pode lá isso ser se tu és da África, tórrida e bárbara, devorada insaciavelmente pelo deserto, tumultuando de matas bravias, arrastada sangrando no lodo das civilizações despóticas, torvamente amamentada com leite amargo e venenoso da Angústia! A África arrebatada nos ciclones torvelinhantes das Impiedades supremas, das Blasfêmias absolutas, gemendo, rugindo, bramando no caos feroz, hórrido, das profundas selvas brutas, a sua formidável Dilaceração humana! A África laocoôntica, alma de trevas e de chamas, fecundada no Sol e na Noite, errantemente tempestuosa como a alma espiritualizada e tantálica da Rússia, gerada no Degredo e na Neve – polo branco e polo negro da Dor!

Artista?! Loucura! Pode lá isso ser se tu vens dessa longínqua região desolada, lá do fundo exótico dessa África sugestiva, gemente, Criação dolorosa e sanguinolenta de Satãs rebelados, dessa flagelada África, grotesca e triste, melancólica, gênese assombrosa de gemidos, tetricamente fulminada pelo mortal; dessa África dos Suplícios, sobre cuja cabeça nirvanizada pelo desprezo do mundo Deus arrojou toda a peste letal e tenebrosa das maldições eternas!

A África virgem, inviolada no Sentimento, avalancha humana amassada com argilas funestas e secretas para fundir a Epopeia suprema da Dor do Futuro, para fecundar talvez os grandes tercetos tremendos de algum novo majestoso Dante negro!

Dessa África que parece gerada para os divinos cinzéis das colossais e prodigiosas esculturas, para as largas e fantásticas Inspirações convulsas de Doré – Inspirações inflamadas, soberbas, choradas, soluçadas, bebidas nos Infernos e nos Céus profundos do Sentimento humano.

Dessa África cheia de solidões maravilhosas, de virgindades animais instintivas, de curiosos fenômenos e de esquisita Originalidade, de espasmos de Desespero, gigantescamente medonha, absurdamente ululante – pesadelo de sombras macabras – visão valpurgiana de terríveis convulsos soluços noturnos circulando na Terra e formando, com as seculares, despedaçadas agonias da sua alma renegada, uma auréola sinistra, de lágrimas e sangue, toda em torno da Terra...

Não! Não! Não! Não transporás os pórticos milenários da vasta edificação do Mundo, porque atrás de ti e adiante de ti não sei quantas gerações foram acumulando, acumulando pedra sobre pedra, pedra sobre pedra, que para aí estás agora o verdadeiro emparedado de uma raça.

Se caminhares para a direita baterás e esbarrarás ansioso, aflito, numa parede horrendamente incomensurável de Egoísmos e Preconceitos! Se caminhares para a esquerda, outra parede, de Ciências e Críticas, mais alta do que a primeira, te mergulhará profundamente no espanto! Se caminhares para a frente, ainda nova parede, feita de Despeitos e Impotências, tremenda, de granito, broncamente se elevará ao alto! Se caminhares, enfim, para trás, ah! ainda, uma derradeira parede, fechando tudo, fechando tudo – horrível – parede de Imbecilidade e Ignorância, te deixará num frio espasmo de terror absoluto...

E, mais pedras, mais pedras se sobreporão às pedras já acumuladas, mais pedras, mais pedras... Pedras destas odiosas, caricatas e fatigantes civilizações e Sociedades... Mais pedras, mais pedras! E as estranhas paredes hão de subir, subir, subir mudas, silenciosas, até às Estrelas, deixando-te para sempre perdidamente alucinado e emparedado dentro do teu Sonho..."

Crianças negras
In: Últimos sonetos, 1905.

Em cada verso um coração pulsando,
sóis flamejando em cada verso, e a rima
cheia de pássaros azuis cantando,
desenrolada como um céu por cima.

Trompas sonoras de tritões marinhos
das ondas glaucas na amplidão sopradas
e a rumorosa música dos ninhos
nos damascos reais das alvoradas.

Fulvos leões do altivo pensamento
galgando da era a soberana rocha,
no espaço o outro leão do sol sangrento
que como um cardo em fogo desabrocha.

A canção de cristal dos grandes rios
sonorizando os florestais profundos,
e terra com seus cânticos sombrios,
o firmamento gerador de mundos.

Tudo, como panóplia sempre cheia
das espadas dos aços rutilantes,
eu quisera trazer preso à cadeia
de serenas estrofes triunfantes.

Preso à cadeia das estrofes que amam,
que choram lágrimas de amor por tudo,
que, como estrelas, vagas derramam
num sentimento doloroso e mudo.

Preso à cadeia das estrofes quentes
como uma forja em labaredas acesa
para cantar as épicas frementes
tragédias colossais da Natureza.

Para cantar a angústia das crianças!
Não das crianças de cor de oiro e rosa,
mas dessas que o vergel das esperanças
viram secar, na idade luminosa.

Das crianças que vêm da negra noite,
dum leite de venenos e de treva,
dentre os dantescos círculos do açoite,
filhas malditas da desgraça de Eva.

E que ouvem pelos séculos afora
o carrilhão da morte que regela,
a ironia das aves rindo à aurora
e a boca aberta em uivos da procela.

Das crianças vergônteas dos escravos,
desamparadas, sobre o caos à toa
e a cujo pranto de mil peitos bravos,
a harpa das emoções palpita e soa.

Ó bronze feito carne e nervos, dentro
do peito, como em jaulas soberanas,
ó coração! és o supremo centro
das avalanches das paixões humanas.

Como um clarim as gargalhadas vibras,
vibras também eternamente o pranto
dentre o riso e o pranto te equilibras
de forma tal, que a tudo dás encanto.

És tu que à piedade vens descendo,
como quem desce do alto das estrelas
e a púrpura do amor vais estendendo
sobre as crianças, para protegê-las.

És tu que cresces como o oceano, e cresces
até encher as curvas dos espaços
e que lá, coração, lá resplandeces
e todo te abres em maternos braços.

Te abres em largos braços protetores,
em braços de carinho que as amparam,
e elas, crianças, tenebrosas flores,
tórridas urzes que petrificaram.

As pequeninas, tristes criaturas
ei-las, caminham por desertos vagos,
sob o aguilhão de todas as torturas,
na sede atroz de todos os afagos.

Vai coração! na imensa cordilheira
da Dor, florindo como um loiro fruto
partindo toda a horrível gargalheira
da chorosa falange cor de luto.

As crianças negras, vermes da matéria
colhidas do suplício à estranha rede,
arranca-as do presídio da miséria
e com teu sangue mata-lhes a sede!

O ressoar dos tantãs: Lino Guedes

Biografia

Filho de ex-escravos, Lino Pinto Guedes nasceu em Socorro, São Paulo, em 23 de julho de 1906. Aprendeu a ler e a escrever em sua cidade natal e continuou seus estudos em Campinas. Iniciando sua carreira de jornalista através das colunas do *Diário do povo* e *Correio popular*, colaborou ainda com diversos jornais como *Correio paulistano*, *A capital*, *Folha da noite* e *Diário de São Paulo*, onde por muitos anos exerceu o cargo de chefe de revisão. Foi também redator da Agência Noticiosa Sul-Americana e membro da Sociedade Paulista de Escritores. Poeta, contista, romancista e ensaísta, atuou como editor-chefe do semanário *Getulino*, publicação que defendia os interesses da população negra. Publicando suas obras em plena ebulição do movimento Modernista, Lino Guedes a ele manteve-se alheio. Para a comunidade negra da época, o momento era de construir, de elaborar uma imagem positiva de si própria, e não de destruir, subverter como propunham os modernistas. Segundo Oswaldo de Camargo, em artigo para o *Jornal da tarde* (1987), Lino Guedes "merece ser lembrado pela atitude transbordada em Poesia. E essa atitude foi histórica. Vale por isso: porque seus versos, no comum estreitos (geralmente em redondilhos maiores), são a revelação e a fixação de um momento importante da coletividade negra pós-Abolição". Faleceu na cidade de São Paulo no dia 4 de março de 1951.

Bibliografia

Publicações:
Black. São Paulo: Ed. do autor, 1926.
O canto do cisne preto. São Paulo: Áurea, 1927.
Ressurreição negra. São Paulo: Ed. do Autor, 1928.
Negro preto cor da noite. São Paulo: Cruzeiro do Sul, 1932.
Urucungo. São Paulo: Cruzeiro do Sul, 1936.
Mestre Domingos. São Paulo: Cruzeiro do Sul, 1937.
O pequeno bandeirante. São Paulo: Cruzeiro do Sul, 1937.
Sorrisos do captiveiro. São Paulo: Ed. do Autor, 1937.
Dictinha. São Paulo: Ed. do Autor, 1938.
Vigília de Pae João. São Paulo: Ed. do autor, 1938.
Nova inquilina do céu. São Paulo: Ed. do autor, 1943.
Suncristo. São Paulo: Hendi, 1951.

Ensaios:
Luís Gama e sua individualidade literária. São Paulo: Ed. do Autor,
1924.

Participações:
Antologia do negro brasileiro (Org. Edison Carneiro). Rio de Ja-
neiro: Agir, 2005.

Comentário crítico

Embora impregnado pela extraordinária consistência das ideologias
do *branqueamento* e da *democracia racial*, percebe-se nesse período
fraturas no monologismo oficial que difundia a crença de que só o assu-
mir dos costumes, dos padrões morais e culturais do branco dariam ao
negro condições de ascensão social. Timidamente, a percepção de que
essas ideologias apresentavam uma visão invertida da realidade vivida
pelos negros ensejou o surgimento de poemas que traduzem um renas-
cimento dos elementos associados à cultura negra do Brasil. É como se,
depois da ilusão abolicionista, o poeta começasse a ouvir o ressoar dos

tantãs da cultura ancestral africana e buscasse fixá-los através da linguagem poética, na tentativa de preservá-los. Contudo, à sua maneira, o autor do *Canto do cisne preto* (1927) foi também um inovador, pois deixou emergir no discurso poético um *eu* que se assumiu como negro, pretendendo ser a voz dos *homens invisíveis* de sua comunidade que, embora não sendo mais escravos, permaneciam ainda fora do poder. Decorridos 28 anos da morte de Cruz e Sousa – e, portanto, 28 anos de silêncio –, isso era um fato novo e importante, na medida em que serviria, de certa forma, de matriz textual para os poetas posteriores, ansiosos por expressar através da poesia o processo de tomada de consciência de sua condição negra. (Z.B.)

Seleção de poemas

 Duro com duro...
In: O canto do cisne preto, 1927.

Coisa que nunca se viu
Um preto de outro gostar;
Por isso eu não me admiro
De você me abandonar
Por aquela deslambida,
Que vive o rosto a pintar.

Pinta sim, reboca mesmo:
Mas vocês por uma branca
Dão tudo, tudo, até a vida.
Seja boa ou seja tranca.
Só pelo gosto de ouvir:
– É casado c'uma branca.

– Não faz mal, da minha vida
Sorverei todo o seu travo,
Lamentando esse teu fraco
Meu único amor, meu bravo
Que deixa de ser senhor
Para viver como escravo!

 Dedicatória
In: Negro preto cor da noite, 1932.

Oh, negrada, destorcida!
que não quer não, outra vida
Melhor que esta de chalaça;
Pra você, negrada boa,
que chamam de gente à toa –
alinhavei tudo isso.

Este livrinho – um entulho
À sua malemolência,
O qual falará da dor
desta infeliz gente negra,
gente daqui da pontinha,
desgraçada gente minha,
A gente do meu amor!

 Novo rumo!
In: Negro preto cor da noite, 1932.

"Negro preto cor da noite",
Nunca te esqueças do açoite
Que cruciou tua raça.
Em nome dela somente
Faze com que nossa gente
Um dia gente se faça!

Negro preto, negro preto,
Sê tu um homem direito
Como um cordel posto a prumo!
É só do teu proceder
Que, por certo, há de nascer
A estrela do novo rumo!

Santo da terra

In: Negro preto cor da noite, 1932.

Largue mão de me atentar,
Seu cabeça de pelego
Para que eu finde os meus dias
De vida com algum sossego.
Eu já tenho a minha gente,
Só olho para galego!

Preto não é gente mesmo,
Seja aqui, seja onde for,
Quem já viu preto da terra
Andar falando de amor?
Preto nasceu, está visto,
Para carregar andor!

– Que há de fazer-se se a preta
Traz assim o coração:
– Galego é aqui... da pontinha!
Todo preto é bastião!
Nacional nada presta
Pois é de... carregação.

PERÍODO CONTEMPORÂNEO

Solano Trindade

Eduardo de Oliveira

Domício Proença Filho

Oswaldo Camargo

Abdias do Nascimento

Oliveira Silveira

Paulo Colina

Cuti

A consciência resistente

A manipulação da cultura resistente, bem como transformação em matéria poética, vai originar uma literatura de resistência. Tal manipulação visa a:

a) construir uma base à qual possa se ancorar o sentimento de identidade necessário à etapa em que um grupo se singulariza do outro;
b) oferecer códigos, valores e mitos necessários à passagem do sentimento de identidade a uma verdadeira consciência identitária mediante a qual se elaborará uma autorrepresentação étnica e cultural positiva;
c) instrumentalizar os membros do grupo a resistir contra o rolo compressor da assimilação.

A poesia negra brasileira enuncia-se como literatura de resistência, construindo-se a partir da cultura africana que sobreviveu na América em presença das culturas europeia e indígena. Em suma: esta resistência exerce uma função de sacralização por meio da qual o poeta relembra aos membros da comunidade, a quem basicamente é dirigida a mensagem poética, o conjunto de mitos fundadores, lendas e ações heroicas associadas à história do negro no Novo Mundo. Da conjugação destes elementos e sua transformação em matéria poética origina-se o caráter de resistência da vertente da poesia negra brasileira que leremos a seguir.

Solano Trindade

Biografia

Nascido em Recife em 24 de julho de 1908, Solano Trindade escreveu em vários jornais e revistas de São Paulo, tais como *Imprensa Popular*, *O Momento*, *Paratodos* e *Literatura*. De família humilde, aprendeu a ler através da literatura de cordel e da poesia romântica. A partir de 1935 passa a ter contato com os movimentos de consciência negra, estreando na poesia no ano seguinte. Mudou-se para o Rio de Janeiro, onde fundou, com Abdias do Nascimento, o Teatro Experimental do Negro – TEN – em 1945. Cinco anos mais tarde, inaugurou o Teatro Popular Brasileiro – TPB – juntamente com o sociólogo Edson Carneiro. O TPB promoveu espetáculos de canto e dança, chegando a apresentar espetáculos na Europa. Solano ajudou a transformar a pequena cidade de Embu num centro de cultivo e irradiação da cultura negra, e dar a ela o famoso nome de "Embu das artes". Um dos pioneiros da negritude popular, cuja ação se manifestou através da imprensa, do teatro e da poesia, faleceu de pneumonia no Rio de Janeiro em 1974, deixando grande parte de sua obra inédita.

Bibliografia

Publicações:

Poemas negros. Recife: Edição do Autor, 1936.

Poemas d'uma vida simples. Rio de Janeiro: Edição do Autor, 1944.

Seis tempos de poesia. São Paulo: H. Mello, 1958.

Cantares ao meu povo. São Paulo: Fulgor, 1961.

Tem gente com fome e outros poemas: antologia poética. Rio de Janeiro: Sindicato dos Escritores do Rio de Janeiro,1988.

Solano Trindade: o poeta do povo (Org. Raquel Trindade). São Paulo: Cantos e Prantos,1999.

Poemas antológicos de Solano Trindade (Org. Zenir Campos dos Reis). São Paulo: Nova Alexandria, 2008.

Participações:

A razão da chama: antologias de poetas negros brasileiros (Org. Oswaldo de Camargo). São Paulo: GRD, 1986.

O Negro Escrito: apontamentos sobre a presença do negro na literatura brasileira (Org. Oswaldo de Camargo). São Paulo: Secretaria de Estado da Cultura; IMESP, 1987.

Antologia do negro brasileiro (Org. Edison Carneiro). Rio de Janeiro: Agir, 2005.

Comentário crítico

Solano Trindade vincula-se à vertente de poetas da Negritude antilhana, como Nicolás Guillén e Aimé Césaire, caracterizada pelo engajamento ao marxismo e por um forte sentimento de pertença ao solo americano. Para o poeta de Embu, ser negro é uma forma de ser americano. O *eu-lírico* emerge no poema para evocar com orgulho suas raízes africanas e afirmar sua vinculação à América. Alicerçando-se numa busca de identidade, que não é apenas individual ou nacional, mas solidária com todos os negros da América, a produção poética de Solano Trindade é talvez a que, entre todos os poetas brasileiros, apresenta o maior número de elementos comuns com a melhor poesia negra que já se produziu nas três Américas. O seu "Canto dos Palmares" constitui-se em uma tentativa de construção épica, caracterizando-se por reverter o esquema da epopeia tradicional, transformando os quilombolas de foras--da-lei, vencidos e humilhados, em heróis da ação épica.

Sua visão de pertença às Américas e seu desejo de imanar-se na luta já iniciada por outros poetas latinoamericanos e norte-amerianos, o coloca em interlocução privilegiada com autores de língua francesa, inglesa e espanhola. Fica nítida sua admiração sobretudo por Langston Hughes (autor do poema antológico "I too am America"/Eu também sou América) e por Nicolás Guillén, ícones da Negritude nas Américas. (Z.B.)

Seleção de poemas

 Canto dos Palmares
In: Cantares ao meu povo, 1961.

Eu canto aos Palmares
sem inveja de Virgílio, de Homero
e de Camões
porque o meu canto
é grito de uma raça
em plena luta pela liberdade!

Há batidos fortes
de bombos e atabaques
em pleno sol
Há gemidos nas palmeiras
soprados pelos ventos
Há gritos nas selvas
invadidas pelos fugitivos...

Eu canto aos Palmares
odiando opressores
de todos os povos
de todas as raças
de mão fechada
contra todas tiranias!

Fecham minha boca
Mas deixam abertos os meus olhos
Maltratam meu corpo
Minha consciência se purifica
Eu fujo das mãos
Do maldito senhor!

Meu poema libertador
é cantado por todos,
até pelo rio.
Meus irmãos que morreram
muitos filhos deixaram
e todos sabem plantar
e manejar arcos;
muitas amadas morreram
mas muitas ficaram vivas,
dispostas para amar
seus ventres crescem
e nascem novos seres.

O opressor convoca novas forças
vem de novo
ao meu acampamento...
Nova luta.

As palmeiras
ficam cheias de flechas,
os rios cheios de sangue,
matam meus irmãos,
matam as minhas amadas,
devastam os meus campos,
roubam as nossas reservas;
tudo isto,
para salvar
a civilização e a fé...
Nosso sono é tranquilo
mas o opressor não dorme,
seu sadismo se multiplica,
o escravagismo é o seu sonho
os inconscientes
entram para seu exército...

Nossas plantações
estão floridas,
nossas crianças
brincam à luz da lua,
nossos homens
batem tambores,
canções pacíficas,
e as mulheres dançam
essa música...

O opressor se dirige
a nossos campos,
seus soldados
cantam marchas de sangue.

O opressor prepara outra investida,
confabula com ricos e senhores,
a marcha mais forte,
para meu acampamento!
Mas eu os faço correr...

Ainda sou poeta
meu poema
levanta meus irmãos.
Minhas amadas
se preparam para a luta,
os tambores
não são mais pacíficos,
até as palmeiras
têm amor à liberdade...

Os civilizados têm armas,
e têm dinheiro,
mas eu os faço correr...

Meu poema
é para os meus irmãos mortos.
Minhas amadas
cantam comigo,
enquanto os homens
vigiam a Terra.

O tempo passa
sem número e calendário,
o opressor volta
com muitos inconscientes,
com armas e dinheiro,
mas eu os faço correr...

O meu poema libertador
é cantado por todos,
até pelas crianças
e pelo rio.

Meu poema é simples,
como a própria vida,
nascem flores
nas covas de meus mortos
e as mulheres
se enfeitam com elas
e fazem perfume
com sua essência...

Meus canaviais
ficam bonitos,
meus irmãos fazem mel,
minhas amadas fazem doce,
e as crianças
lambuzam os seus rostos
e seus vestidos
feitos de tecido de algodão

tirados dos algodoais
que nós plantamos.

Não queremos o ouro
porque temos a vida!
e o tempo passa,
sem número e calendário...
O opressor quer o corpo liberto,
mente ao mundo,
e parte para
prender-me novamente...

– É preciso salvar a civilização,
diz o sádico opressor...

Eu ainda sou poeta
e canto nas selvas
a grandeza da civilização – a Liberdade!
Minhas amadas cantam comigo,
meus irmãos
batem com as mãos,
acompanhando o ritmo
da minha voz...

– É preciso salvar a fé,
diz o tratante opressor...

Eu ainda sou poeta
e canto nas matas
e grandeza da fé – a Liberdade...
Minhas amadas cantam comigo,
meus irmãos
batem com as mãos,
acompanhando o ritmo
da minha voz!...

Saravá! Saravá!
Repete-se o canto
do livramento,
já ninguém segura
os meus braços...
Agora sou poeta,
meus irmãos vêm ter comigo,
eu trabalho,
eu planto,
eu construo,
meus irmãos vêm ter comigo...

Minhas amadas me cercam,
sinto o cheiro do seu corpo,
e cantos místicos
sublimizam meu espírito!
Minhas amadas dançam,
despertando o desejo em meus irmãos,
somos todos libertos,
podemos amar!
Entre as palmeiras nascem
os frutos do amor
dos meus irmãos,
nos alimentamos de fruto da terra,
nenhum homem explora outro homem...

E agora ouvimos um grito de guerra,
ao longe divisamos
as tochas acesas,
é a civilização sanguinária,
que se aproxima.

Mas não mataram
meu poema.
Mais forte
que todas as forças

é a Liberdade...
O opressor
não pôde fechar minha boca,
nem maltratar meu corpo,
meu poema
é cantado através dos séculos,
minha musa
esclarece as consciências,
Zumbi foi redimido...

 Quem tá gemendo?
In: Cantares ao meu povo, 1961.

Quem tá gemendo
Negro ou carro de Boi?

Carro de Boi geme quando quer
Negro não
Negro geme porque apanha
Apanha pra não gemer

Gemido de negro é cantiga
Gemido de negro é poema

Geme na minh'alma
A alma do Congo
Do Níger da Guiné
De toda a África enfim
A alma da América
A alma Universal

Quem tá gemendo
Negro ou carro de Boi?

Também sou amigo da América
In: Cantares ao meu povo, 1961.

AMÉRICA
eu também sou teu amigo
há na minh'alma de poeta
um grande amor por ti

Corre em mim
o sangue do negro
que ajudou na tua construção
que te deu uma música
intensa como a liberdade

Eu te amo América
porque em ti também
virá a vitória Universal
onde o trabalhador
terá recompensa de labor
em igualdade de vida

Eu te amo América
e lutarei por ti
como o amante luta pela amada

Dou a ti
Minha força de proletário
Minh'alma de artista
Meu coração de guerreiro
Cantarei poemas de exaltação
A tua glória.
Construirei máquinas
Para tua vingança
Marcharei para defender-te.

Cantares da América
In: Cantares ao meu povo, 1961.

BLUES / swings / sambas / frevos / macumbas / jongôs

ritmos de angústia e de protestos
estão ferindo os meus ouvidos!...
São gemidos seculares da humanidade ferida
que se impregnaram nas emoções estéticas
da alma americana...
É a América que canta...

Esta rumba é um manifesto
contra os preconceitos raciais
Esta conga é um grito de revolta
contra as injustiças sociais
Este frevo é um exemplo de aproximação
e de igualdade...

Canta América
A tua voz irá do Ocidente para o Oriente
e de Oriente para Ocidente
porque no futuro
só teremos uma forma de arte...

Canta América
não o canto de mentira e falsidade
que a ilusão ariana
cantou para o mundo
na conquista do ouro
nem o canto da supremacia dos derramadores de sangue
das utópicas novas ordens
de napoleônicas conquistas
mas o canto da liberdade dos povos
e do direito do trabalhador...

Olurum Ekê

In: Cantares ao meu povo, 1961.

OLURUM Ekê
Olurum Ekê
Eu sou poeta do povo
Olurum Ekê

A minha bandeira
É de cor de sangue
Olurum Ekê
Olurum Ekê
Da cor da revolução
Olurum Ekê

Meus avós foram escravos
Olurum Ekê
Olurum Ekê
Eu ainda escravo sou
Olurum Ekê
Olurum Ekê
Os meus filhos não serão
Olurum Ekê
Olurum Ekê

Sou negro

In: Cantares ao meu povo, 1961.
À Dione Silva

Sou negro
meus avós foram queimados
pelo sol da África
minh'alma recebeu o batismo dos tambores
atabaques, honguês e agogôs

Contaram-me que meus avós
vieram de Loanda
como mercadoria de baixo preço
plantaram cana pro senhor do engenho novo
e fundaram o primeiro Maracatu.

Depois meu avô brigou como um danado
nas terras de Zumbi
Era valente como que
Na capoeira ou na faca
escreveu não leu
o pau comeu
Não foi um pai João
humilde e manso

Mesmo vovó
não foi de brincadeira
Na guerra dos Malés
ela se destacou

Na minh'alma ficou
o samba
o batuque
o bamboleio
e o desejo de libertação...

 ## Interrogação

In: Poemas antológicos de Solano Trindade, 2008.
(Último poema – Embu, 1969)

Quando pararei de amar com intensidade?
Quando deixarei de me perder aos seres e coisas?

Quando me livrarei de mim?
Do que sou, do que quero, do que penso?

Quando deixarei de pratear?

No dia em que eu deixar de ser eu
No dia em que eu perder a consciência
Do mundo que idealizei...
Neste dia...

Eu sorrirei sem saber do que sorrio.

A consciência dilacerada

A ambiguidade de querer assimilar os valores estéticos do "mundo branco", lamentando, ao mesmo tempo, a perda dos valores negros, reflete não só a problemática do artista negro no Brasil como em toda a América.

O dilaceramento entre dois mundos transparece na poesia, caracterizando a obra de determinados autores a partir da década de 1960. A consciência deste hibridismo engendrado pelas raízes africanas, de um lado, e pela presença em solo americano, de outro, será a grande dominante da obra dos autores reunidos neste capítulo.

O eu do poeta, como o do personagem Damião do romance de Josué Montello *Os tambores de São Luís* (1985), ao mesmo tempo em que, ao entrar em contato com a cultura ocidental sente-se por ela fascinado, não deixa de ouvir no fundo de sua consciência o som dos tantãs, a lembrar-lhe sem cessar as tradições culturais africanas às quais esteve ligado em sua infância. Esse apelo ancestral adquire uma importância maior quando o poeta sente que, embora dominando as técnicas do fazer literário do "mundo branco", não é inteiramente aceito por esse mundo. Uma sensação de "inquietante estranhamento" dele se apodera, levando-o a empreender o caminho de volta às origens, da rememoração do manancial de mitos, lendas e saberes trazidos e conservados nas Américas pelos escravos e seus descendentes.

Eduardo de Oliveira

Biografia

Nascido na cidade de São Paulo em 6 de agosto de 1926, Eduardo de Oliveira é advogado, jornalista e professor, tendo sido vereador em São Paulo. Também é membro da Associação Cultural do Negro, da Casa de Cultura Afro-brasileira e da União Brasileira de Escritores. Como poeta, escreveu seu primeiro livro em 1944 – que seria publicado apenas 14 anos depois –, que foi seguido por diversas outras publicações ao longo de mais de 50 anos de dedicação à poesia. Eduardo de Oliveira também é autor da letra e música do *Hino treze de maio – cântico da Abolição*, oficializado pelo Congresso Nacional. Participou da primeira edição dos *Cadernos negros* em 1978 e organizou a obra *Quem é quem na negritude brasileira* em 1998, referência sobre a produção cultural e intelectual dos afrodescendentes.

Bibliografia

Publicações:
Além do pó. São Paulo: Bentivegnia, 1958.
Ancoradouro (sonetos). São Paulo: Bentivegnia, 1960.
O Ébano. São Paulo: Mar, 1961.
Banzo. São Paulo: Obelisco, 1965.
Gestas líricas da negritude. São Paulo: Obelisco, 1967.
Evangelho da solidão: dez anos de poesia 1958-1968. São Paulo: ILA Palma, 1970.
Túnica de ébano: sonetos e trovas. São Paulo: Tribuna Piracicabana, 1980.
A cólera dos generosos: retrato da luta do negro para o negro. São Paulo: Meca, 1988.
Carrossel de sonetos. São Paulo: Pannartz, 1995.
Quem é quem na negritude brasileira (organização). São Paulo: CNAB, 1998.

Participações:
Cadernos negros: 1 (1978); 3 (1980); 29 (2006).

Comentário crítico

Embora, do ponto de vista formal, a poesia de Eduardo de Oliveira se mantenha dentro de moldes tradicionais, ela tem o grande mérito de tentar o resgate dos referentes ligados à história do negro no Brasil, a qual vem sendo sistematicamente negada pela historiografia oficial. Alude aos atos fundadores, aos heróis e aos acontecimentos marcantes da vida de seu povo, como as agressões físicas, culturais e psicológicas sofridas nas senzalas, num verdadeiro trabalho de reconstituição das fontes primárias nas quais vai ancorar seus projetos de construção identitária. Além de denunciar o ocultamento constante do papel do negro na América, Eduardo de Oliveira vai em busca de sua ancestralidade africana, transformando seu fazer poético, como afirma o autor Roberto de Paula Leite (no prefácio de *Banzo*, 1965), em um "reencontro do homem com suas raízes, com o velho continente sofrido e espoliado durante séculos. [...] E prova, poeticamente, que a África não é uma civilização sem memória, sem passado". (Z.B.)

Seleção de poemas

 Banzo

In: Banzo, 1965.
Ao meu irmão Patrice Lumumba

Eu sei, eu sei que sou um pedaço d'África
pendurado na noite do meu povo.
Trago em meu corpo a marca das chibatas
como rubros degraus feitos de carne
pelos quais, as carretas do progresso
iam buscar as brenhas do futuro.

Eu sei, eu sei que sou um pedaço d'África
pendurado na noite do meu povo.
Eu vi nascer mil civilizações
erguidas pelos meus potentes braços;
mil chicotes abriram na minh'alma
um deserto de dor e de esperança
anunciando as tragédias de Lumumba.

Eu sei, eu sei que sou um pedaço d'África
pendurado na noite do meu povo.
Do fundo das senzalas de outros tempos
se levanta o clamor dos meus avós
que tiveram seus sonhos esmagados
sob o peso de canga e libambos
amando, ao longe, o sol das liberdades.

Eu sei, eu sei que sou um pedaço d'África
pendurado na noite do meu povo.
Eu sinto a mesma angústia, o mesmo banzo
que encheram, tristes, os mares de outros séculos,
por isso é que ainda escuto o som do jogo
que fazia dançar os mil mocambos...
e que ainda hoje percutem nestas plagas.

Eu sei, eu sei que sou um pedaço d'África
pendurado na noite do meu povo.
Balouça sobre mim, sinistro pêndulo
que marca as incertezas do futuro
enquanto que me atiram nas enxergas
aqueles que ainda ontem exploravam
o suor, o sangue nosso e a nossa força.

Eu sei, eu sei que sou um pedaço d'África
pendurado na noite do meu povo.

 Gestas líricas da negritude
In: Gestas líricas da negritude, 1967.

Eu quero ser no mundo uma atitude
de afirmação que, unicamente, cante
com poderosa voz, tonitroante,
A Gesta Lírica da Negritude...

Serei na vida o intransigente amante
de sua nobiliárquica virtude,
e, como alguém que entoa ao alaúde
uma canção, eu seguirei adiante...

Eu seguirei feliz, de braços dados
com meus irmãos dos cinco continentes...
que todos amam, porque são amados.

E quando se ama a Humanidade inteira,
os ideais – por mais nobres, mais ardentes –
irmanam-se numa única bandeira.

Voz emudecida
In: Gestas líricas da negritude, 1967.

Eu me levanto aqui
na voz dos que não podem falar.
No grito afogado na garganta
no desespero disforme da
mudez implacável.

As pulsações dos mundos
soterrados,
dos mundos submersos
convulsionam-se
para anunciar
na voz do sol e da verdade
a presença humilde dos que não viveram
porque não puderam sonhar.

Surgirei das chagas da dor
trazendo o bálsamo da vida
o perfume de um sonho
esquecido no coração dos homens.

Suavisarei todos os caminhos
para que as almas caminhem
leves e risonhas
como um destino de criança.

E tudo para quê?
Para tentar elevar o mundo
até junto de Deus.

Entretanto o que vejo?
Sobre este chão assisto ao bailado das lágrimas
silenciosas dançando a dança macabra.
Seres amordaçados clamando por liberdade

dão no palco do universo
o espetáculo da dor e do sofrimento...
E os negros?
O que dizer dos negros?

 Túnica de ébano
In: Túnica de ébano: sonetos e trovas, 1980.

Dentro de minha túnica africana
há um coração que a própria dor abarca,
a oscilar, como um pêndulo que marca
toda essa angústia da tragédia humana!

Do meu ser, cor de ébano, dimana
um profundo torpor e pranto encharca
de ânsias o império de que sou monarca,
dentro da minha túnica africana!

Se padeço, não sei. Só sei que, agora,
não mais tenho da vida aquele encanto
que ternamente me envolvera outrora!

Restando-me tão pouco por viver,
sinto, contudo, inda restar-me tanto
na saudade de tudo que eu quis ser...

Negra é a cor da minha pele
In: Túnica de ébano: sonetos e trovas, 1980.

Nada fui! Nada sou! Nada serei,
só porque negra é a cor da minha pele!
Mesmo que tudo eu dê, pouco terei
nesta Sodoma, em que a ambição a impele!

Diante desses racistas é que eu hei
de amar o bem, antes que a dor revele
que, por ser negro, ainda sustentarei
seu império que, a tempos, me repele!

Eu represento a espécie sofredora
de indivíduos anônimos, de párias,
atores de uma história aterradora!

Pobre do negro! Pobre de quem sonha
como eu, que dentre as almas solitárias,
somente pude ser a mais tristonha...

Domício Proença Filho

Biografia

Nascido no Rio de Janeiro em 25 de janeiro de 1936, Domício Proença Filho é Doutor em Letras e Livre-docente em Literatura Brasileira pela Universidade Federal de Santa Catarina. Professor Emérito da Universidade Federal Fluminense, aposentou-se após 38 anos de trabalho docente nos cursos de graduação e de pós-graduação. Foi idealizador e coordenador de inúmeros projetos culturais de repercussão nacional, tendo difundido, em diversas oportunidades, a Literatura Brasileira no exterior. É apenas a partir de 1979 que o autor passa a dedicar-se à produção literária, publicando três obras poéticas, e escrevendo diversos romances durante a década de 90. Em 23 de março de 2006 foi eleito para a Academia Brasileira de Letras, sendo o quinto ocupante da cadeira 28.

Bibliografia

Publicações:

O *cerco agreste*. Belo Horizonte: Comunicação, 1979.
Dionísio esfacelado: quilombo dos Palmares. Rio de Janeiro: Achiamé, 1984.
Oratório dos inconfidentes (faces do verbo). Rio de Janeiro: Leo Christiano, 1989.
Breves estórias de Vera Cruz das Almas. Rio de Janeiro: Fractal, 1991.
Estórias da mitologia: o cotidiano dos deuses. Rio de Janeiro: Leviatã, 1994.
Capitu: memórias póstumas. Rio de Janeiro: Artium, 1998.
Estórias da mitologia I: eu, Zeus. São Paulo: Global, 2000.
Estórias da mitologia II: nós, as deusas do Olimpo. São Paulo: Global, 2000.
Estórias da mitologia III: os deuses, menos o pai. São Paulo: Global, 2000.

Obras didático-pedagógicas:

Estilos de época na literatura (através de textos comentados). São Paulo: Ática: 1967.
Português. Rio de janeiro: Liceu, 1969.
Língua portuguesa, literatura nacional e a reforma do ensino. Rio de Janeiro: Liceu, 1973.
Português e literatura. Rio de Janeiro: Liceu, 1974.
Comunicação em português. São Paulo: Ática,1979.
A linguagem literária. São Paulo: Ática, 1986.
Pós- modernismo e literatura. São Paulo: Ática, 1988.
Noções de gramática da língua portuguesa. São Paulo: EDB, 2003.
Língua portuguesa, comunicação, cultura. São Paulo: EDB, 2004.
Nova ortografia da língua portuguesa. Rio de Janeiro: Record, 2009.

Ensaios:

Poesia brasileira contemporânea: percursos contemporâneos. *Letras e artes*, Rio de Janeiro, v. 3, n. 5, set. 1989.

Jorge Amado, do Brasil. *Exu*, Salvador, n. 16/17, jul./out. 1990.

Atualidade da ficção do brasileiro Machado de Assis. *Rassegna iberística*, Milano, n. 37, 1990.

Panorama da Literatura Brasileira do Século XVI ao Século XX. In: SANT'ANNA, Afonso Romano de et al. *Literatura brasileira: singular e plural*. São Paulo: Câmara Brasileira do Livro, 1994.

La república de las letras de Nélida Piñon. *El Urogallo: revista literária y cultural*, Madrid, n. 110/111, jul./ago. 1995.

Capitu, a moça dos olhos de água. In: MOTA, Lourenço Dantas & ABDALLA JR., Benjamin (Org.). *Personae: grandes personagens da literatura brasileira*. São Paulo: SENAC, 2001.

Eduardo Portella, o humanizador das palavras. *Tempo brasileiro*, Rio de Janeiro, n. 151, out./dez., 2002.

A trajetória do negro na literatura brasileira. *Estudos avançados: revista do Instituto de Estudos Avançados da Universidade de São Paulo*, São Paulo, v. 18, n. 50, jan./abr. 2004.

Comentário crítico

Domício Proença Filho é, primeiramente, um professor teórico e historiador da literatura. No campo da literatura afro-brasileira se destaca sua obra *Dionísio esfacelado: quilombo dos Palmares* (1984), que representa a tentativa do autor de escrever a epopeia de Palmares, pois os poemas que o compõem se interligam pela remissão constante aos atos quilombolas. Essa obra revela que o autor tem consciência da necessidade de compor a epopeia da trajetória do negro no novo mundo, tarefa já várias vezes tentada, mas ainda não efetivamente realizada. Segundo Benedito Nunes (no prefácio de *Dionísio esfacelado: quilombo dos Palmares*, 1984), "quilombos e quilombolas ingressam na vertente comemorativa do pensamento que recorda, da recordação que colige e recompõe as partes dispersas de uma origem. Mais não será preciso dizer sobre a originalidade poética desta obra". Outra obra de grande repercussão foi *Oratório dos inconfidentes (faces do verbo)* (1989), que mereceu bela edição ilustrada. Também se caracteriza pelo grande vigor épico, fundamento para a recuperação da identidade que se erigirá a partir do resgate dos feitos da história coletiva, nesse caso dos heróis da Inconfidência Mineira, primeiro movimento republicano da história do Brasil. A epicidade visa a preencher os vazios da História, registrando os acontecimentos com outras tintas, que não "a tinta negra prenhe de esquecimento", e nomeando os sem-nome no "denso e forjado rio da História", conforme refere o próprio poeta. (Z.B.)

Seleção de poemas

 ## Dionísio esfacelado
In: Dionísio esfacelado: quilombo dos Palmares, 1984.

Porque houve Cam
o esposo bem-amado
e Eloá

porque o deserto
o verde
e os dóceis campos
da terra de Ararat

porque bantus
zulus
congos
angolanos
minas
cafres
antigos
agomés
nagôs
gegôs
e tapas e sentys
e hauçás
porque o mar e os tumbeiros
e as parcas
porcas
no porão
a terra verde
a madeira brasa
e aqueles homens
alvos
como luas
nuas

porque rebenques
angola tronco
a asa fraturada
e grito aprisionado
e os dentes
martelados
e a cirurgia fria
dos alicates
unhas descarnadas
e o arrancar a pele
a sangue-frio
a morte entre formigas
assanhadas
a sombra de uma cruz
abençoada
porque houve ladinos
e mães pretas
e virgens
estupradas
ventre alerta
porque houve rosauras
houve isauras
e mestiças
e olhares azougados
e seios mutilados
porque havia cana
e o comércio
dos ingleses
porque houve o ferro
e o fogo e a faca
a lâmina da faca
viva e acesa
e o banzo

porque houve outrora um rei
chamado Ganga-Zumba

e o imperador
Zambi
da Troia Negra
terra escondida
do sabiá perdido
Numância
reino
onde se repartia
e houve amor alimentado
luta
e as mãos unidas
fortes
tanto sangue
porque se plantou carne
e nasceu ouro
porque se plantou gente
e nasceu seiva
de povo
e canto
porque a infante e santa e bem-amada
terra
e a semente
na encosta verde-sonho
braço de bronze ferro aço
e coração
ternura antiga
acalanto
lundus
calango
semba
porque houve a nação
negra
do Quilombo
a raça
é.

Na terra pindorama
espinho e casco
duro
e sobrecarga
e mais-valia
e senzalas
de longa anestesia
a raça
é.

Pingente
doente
sofrente
carente
mas brava
mas forte
mas filha do norte
da morte
escrava da música
folclore
e fazenda
de muitos cabrais
e festa do povo
exotismo ano novo
mulata no mapa
pivete na praça
e rei que incomoda
no olímpico estádio
os leões de casaca
e cartola
e a bola
rola
frenética
histérica
o grito
unge o mito

porque há um rei
de coroa
abstrata
e tênue
capa
de papel
cruel
entre sons de vilões
e zabumbas
a socos dos pés
a cantiga migalha
nas casas de Baco
e o suor do sovaco
a escorrer sempre mais.

Silêncio, Musa!
já não choras mais.
A raça dorme
o sabiá não canta
os dedos repartidos
mãos abertas
calos perenes
sangue arrebatado
a vida torta
pesado fardo
asfáltico
ou rural
a espera de uma porta
a veia frágil
o veio fraco,
branco.

A raça dorme
tradição de velhos ancestrais
a raça dorme
e já não sonha mais

o rei de outrora
não existe
mais
e Troia
colina sitiada
agoniza
eterna
ao som
de velhos
carnavais.

 Via sacra
In: Dionísio esfacelado: quilombo dos Palmares, 1984.

Apenas trinta dinheiros
em São Paulo de Loanda:
Apenas trinta dinheiros
a alma o corpo
vendido
à Companhia holandesa
de Maurício de Nassau
homens-adubo
das terras
plantadas
à beira-mar
tanto mar
de sangue e mágoa
o sangue o suor
da África
para adoçar os dinheiros
dos holandeses
de Maurício de Nassau.

Nas águas sujas da História
memórias esmaecidas

de tantos Cristos
partidos.

Não restam nomes ou datas
nem registros de família
há carnes arrebatadas
há ossos esfacelados
há almas emasculadas
e martelos lancinantes
pontas de ferro incendiadas

viúvas órfãos e gritos
há meus irmãos pendurados
em ganchos vindos de Europa
as chagas negras
atentas
ao dolorido sol de maio!

Ai meus irmãos mutilados
mordendo a ira calados
nos campos e nas senzalas
ai meus irmãos massacrados
entre as paredes da História!

Ai meus irmãos semeados
pelos becos, pelos morros,
na lama, nos alagados
e barracos deflagrados
nas encostas e desertos!

Não restam nomes ou datas
na letra escrita dos homens
mas há palavras de fogo
agasalhadas, trementes,
na memória do Quilombo!

As teias da bordadura
In: Dionísio esfacelado: quilombo dos Palmares, 1984.

Os mulatos da Bahia
da melhor mulataria
costuravam na penumbra
bordados de liberdade.

As agulhas
percorriam
abomináveis espaços:
e as linhas
cruzadas
e recruzadas
do longo mar-oceano
deixavam rubras
no pano
tênue da História
marcas de voos
ousados.

Os mulatos da Bahia
alfaiates bem treinados
vividos e escornados
recolhiam os desenhos
retraçados
à flor das águas
do sonho
e ébrios de ingenuidade
tentavam
mudar as vestes nobres
da pátria.

Restou no chão da Bahia
à sombra de muitas forcas
retalhos, fios partidos

e uma flor viva
de sangue:
adubo.

 Prece

In: Dionísio esfacelado: quilombo dos Palmares, 1984.

Lá vem Oxóssi
seu cavalo branco
sete flechas no corpo
do dragão.
Lá vem Oxóssi
deus da mata virgem
verde e branco
é o manto
do santo caçador!

– Benção pras minhas guias
pintadas de esperança
senhor da mata
filho de Iemanjá
senhora das águas
e a ninguém deixai
nem desprezai
– Ibualama
Odé
Irmão de Ogum:
na sombra da jurema
no teu prato de najé
carregado de axoxó
deixou teu ojá
pra me salvar
e aos meus
do mal da selva selvagem

a lança do escudo de prata
sejam nossa proteção
Okê, Okê, Okê, Aró
neto das águas
Oxóssi rei da mata
Oxóssi caçador
empresta a lança a espada
para a nova balança
da Justiça cega
e traz seu cavalo
para o voo novo
do Sonho.

Oswaldo de Camargo

Biografia

Nascido em Bragança Paulista, São Paulo, em 24 de outubro 1936, Oswaldo de Camargo é publicitário e jornalista. Estudou no Seminário Menor Nossa Senhora da Paz, em São José do Rio Preto, onde teve seu primeiro contato com a poesia e com o preconceito racial. Na década de 50 passou a morar na cidade de São Paulo, onde passa a ter contato com intelectuais e também com entidades de defesa dos direitos dos afrodescendentes. Participou ativamente das atividades culturais da Associação Cultural do Negro, colaborando também com jornais dirigidos ao público negro. Na década de 70 integrou, juntamente com Abelardo Rodrigues e Paulo Colina, o Triunvirato, germe do que mais tarde seria o grupo Quilombhoje, que também ajudou a fundar. Entretanto, discordâncias o levaram a deixar prematuramente o grupo. Atualmente é coordenador de literatura do Museu Afro Brasil, em São Paulo, e mantém um *blog* onde publica textos e poemas.

Bibliografia

Publicações:
Um homem tenta ser anjo. São Paulo: Supertipo, 1959.
15 poemas negros. São Paulo: Associação Cultural do Negro, 1961.
O carro do êxito. São Paulo: Martins, 1972.
A descoberta do frio. São Paulo: Edições Populares, 1979.
O estranho. São Paulo: Roswita Kempf, 1984.
Breve antologia de poemas (Coord. Maria Aparecida de Laia). São
Paulo: SMPP/CONE, 2010.

Ensaios:
O Negro Escrito: apontamentos sobre a presença do negro na literatura brasileira (Org. Oswaldo de Camargo). São Paulo: Secretaria
de Estado da Cultura; IMESP, 1987.
Texto sobre a literatura negra. In: ARAÚJO, Emanoel (Org.). *A
mão afro-brasileira: significado da contribuição artística e histórica.* São Paulo: Tenenge, 1988.
Solano Trindade, poeta do povo: aproximações. São Paulo: Com-Arte;
USP, 2009.

Participações:
*Cadernos negros 1 (1978); 3-4 (1980-81); os melhores contos
(1998); os melhores poemas (1998).*
Antologia poética da geração de 45 (Org. Mildon de Godoy Campos). São Paulo: Clube da poesia, 1966.
Nouvelle somme de poésie du monde noir (Org. Léon Damas). Paris:
[s. n.], 1967.
Antologia de poetas da cacimba (Org. L. Mozart). Natal: Gráfica
Manimbu, 1976.
Axé: antologia contemporânea da poesia negra brasileira (Org.
Paulo Colina). São Paulo: Global, 1982.
A razão da chama: antologia de poetas negros brasileiros (Org.
Oswaldo de Camargo). São Paulo: GRD, 1986.
Schwarze poesie – Poesia negra (Org. Moema Parente Augel).
St.Gallen; Köln: Diá, 1988.

Schwarze prosa – Prosa negra (Org. Moema Parente Augel). St Gallen; Berlin; São Paulo: Diá, 1993.
Antologia da poesia negra brasileira: o negro em versos (Org. SANTOS, Luiz Carlos dos; GALAS, Maria; TAVARES, Ulisses). São Paulo: Moderna, 2005.

Comentário crítico

A poesia de Oswaldo de Camargo reflete a crise do poeta que toma consciência de seu *hibridismo* cultural: de um lado, suas raízes africanas e os elementos culturais ligados a essa ancestralidade pulsam dentro dele, lembrando-lhe sua origem; de outro, o apelo cultural do mundo branco e dos valores morais do ocidente não deixa de exercer um enorme fascínio. Temos, como resultado, a criação de um universo poético onde a utilização de farta simbologia revela o dilaceramento do poeta entre os dois mundos dos quais se sente partícipe. No limite, essa problemática da ambiguidade, que emerge em versos de elevado valor estético, dada pela sensação de perda dos valores negros ao assimilar os valores brancos, perpassa grande parte da escritura negra da América do Sul e do Caribe, empenhada em definir o que significa *ser negro* nas Américas. Com obras como *Um homem tenta ser anjo* (1959) e *15 poemas negros* (1961), torna-se uma espécie de precursor e líder de toda uma geração de poetas, tanto de seus contemporâneos quanto dos que o sucedem. (Z.B.)

Seleção de poemas

 Quase infantilidade
In: Um homem tenta ser anjo, 1959
A Carlos de Angeli

VII

Amanhã serei fumo, pó e cinza,
me adianta viver?
Algo me diz que minha vida vale
o mistério de alguns anos de agonia,
todos os gnomos do país da lenda
erguem os braços para dizer adeus,
mas se eu não sinto o amargo da partida,
então devo viver?

Se olho a parede do meu quarto,
só vejo a matéria toda cor,
e sinto vagamente a surpresa
de preso ser à vida e não ao sonho...
Mas se tenho ante os olhos mil paragens
com fontes a cantar e aves muitas
esvoaçando no meu sonho bom;
se tenho na colina meus cordeiros,
doçuras para a vida pastoril,
e posso alimentar minh'alegria
com pão amargo e gumes de punhais,
e rio até do corvo de Edgard
se ele vem dizer-me "nunca mais...";

se tenho em minha boca grossa losna
e outras vezes gozos celestiais,
e deram-me certeza absoluta
de ser um dia restos imortais
se continuo a vida desse modo,

me adianta viver?
Embaço-me na névoa de pensares,
e vem-me uma ternura salutar,
fui bom menino, fui criança amada,
por meu comportamento exemplar;

mas labirinto me complica todo
e perco o fio da vida que encetei,
o meu invólucro infantil é roto,
e agora, com que jeito viverei?

Eu partirei o vaso da vizinha
para mostrar em que me transformarei,
não quero seu sorriso sem mensagem,
quero é que saiba em que me transformei...

Quero torcer meu riso genuíno
numa carranca aberta a todo mundo,
cuspirei sangue em qualquer recinto
para que aguentem meu pesar profundo...

Dizei, amigos, minha vida vale
o mistério dessa noite de agonia?

XXIII

O medo de espalhar-me me assusta,
torna impossível que eu me conheça;
bicho ou anjo, fisgo o que me interrogo:
"O principal será meu rosto e busto?"
O dano de espalhar-me hoje ao vento
e arriscar a ida à montanha
é meu susto.
Estreito, paro meu tropeço
que ia suceder, mais caio

e partem-se no chão meu rosto e busto.
É o medo de espalhar-me que me assusta...
Onde meu rosto e busto?
Pousado assim, meu corpo em vã postura
é ave presa.
Ave sem voz, com que prossigo
diálogo infantil, nesta insistência:
– "Quem te dá susto?"

 ## Meu grito
In: 15 poemas negros, 1961.
Para Eduardo Pinheiro

Meu grito é estertor de um rio convulso...
Do Nilo, ah, do Nilo é o meu grito...
E o que me dói é fruto das raízes,
ai, cruas cicatrizes!,
das bruscas florestas da terra africana!

Meu grito é um espasmo que me esmaga,
há um punhal vibrando em mim, rasgando
meu pobre coração que hesita
entre erguer ou calar a voz aflita:
Ó África! Ó África!

Meu grito é sem cor, é um grito seco,
é verdadeiro e triste...
Meu Deus, por que é que existo sem mensagem,
a não ser essa voz que me constrange,
sem ecos, sem lineios, desabrida?
Senhor! Jesus! Cristo!
Por que é que grito?

Canção amarga
In: 15 poemas negros, 1961.

Eu venho vindo, ainda não cheguei...
Mas vive aqui meu velho pensamento,
que se adiantou, enquanto demorei...

Na mornidão de um solo bem crestado
(é o território estreito de meu corpo),
eu venho vindo, sim, mas não cheguei...
Pois, rasgo a minha sorte, ponha a vida
sobre esta aguda lápide de abismo;
um dia nesta pedra enterrarei
a minha carne inchada de egoísmo...
Eu venho vindo, ainda não cheguei...

Recolho o pensamento e me debruço
nesta contemplação, assim me largo...
E, preso ao ser que sou, soluço e babo
na terra preta de meu corpo amargo...
Porém na hora exata cantarei...
Eu venho vindo, ainda não cheguei...

 Escolha
In: O estranho, 1984.

Eu tenho a alma voando
no encalço de uma ave cega:
se escolho o rumo do escuro
me apoio à sombra do muro
pousando na minha testa.
Se elejo o rumo da alvura
falseio os passos da vida
e me descubro gritando

um grito que não é meu.
Que faço das mãos cobertas
de um sol doído só de África?
E do tantã nestas veias,
turbando o ritmo ao sangue?

Na face o dia não pousa
o seu cesto de alegria
e amanhã precipita
ventos e noites amargas.

 Disfarce
In: O estranho, 1984.

I

Outrora era mais fácil seguir os contornos do meu nome.
Desfilava os sons de suas sílabas entre os sulcos dos lábios.
Assim dizia Helena, assim Hilda, assim me urdiu naquela
noite a bruta angústia que me sugava a face. Assim me
escondi entre Revelações que me cingiram e me beijaram.
E consegui dizer: não sou eu.
Assim falei o meu poema ao açougueiro, à puta, à açafata.
E a todos eu dizia: não sou eu.

Meu nome escorria nas esquinas, entre ventos secos e
carcomidos.
A idade fungava, velha, dentro de minh'alma.

II

De repente era eu: um disfarce.
E não percebiam nos becos da cidade nem nas rugas da
tarde envelhecida.

Nem me clamava o nome o vento-lâmina que agitou meus
primeiros dias. Vi minha vida e senti: nada perfeito.
Então deitei-me à sombra do Inverno. E, insone, dormi, à
espera do sol.

III

Se o olho de Deus me pega, que respondo?
Como me atrairá: distendendo no ar o meu nome?
Enlaçando-me nele qual mortalha?
(Estou morto!)
Como me atrairá para acertar o que fiz do meu rastro, e do
que eu
poderia ser se eu fosse?
No entanto encho de cor o poema. E canto: sou um negro!
E amarro às ancas da História culpas e desperdícios...

IV

Obscuro, eu me fendia nas praças da cidade, cotejando-me
com a clara nuvem. E a todos apontava minha face cedida
ao Ocidente...

Entre os salgueiros da praça, entre eles, não podia deixar
de pensar:
um negro liga-se neste instante a Shakespeare. E entre
as suítes de Bach eu sentia: um negro ante uma suíte, de
Bach...
Vivia minha face! gritei alta noite, quando já haviam
falhado todos os raios do sol que eu esperara no Inverno.
E Deus desanimara de reunir os pedaços do meu nome, pois
eu era só: NEGRO. E minha mãe me escondera entre as
meninas claras dos seus olhos, pois eu era só: NEGRO. E ela,
naquele tempo, não sabia...

Por isso sinto-me à borda do mundo e fico a coçar meu ca saco europeu, meu odor bichado de estar por tanto tempo em velhos frascos.

Eu me diviso à beira do mundo. E lambo o chão do Ocidente e penso: vou além?

Ninguém sabe que oscilo à beira do mundo. E, solitário, há muito vos contemplo...

Em maio
In: Cadernos negros: os melhores poemas, 1998.

Já não há mais razão de chamar as lembranças
e mostrá-las ao povo
em maio.
Em maio sopram ventos desatados
por mãos de mando, turvam o sentido
do que sonhamos.
Em maio uma tal senhora liberdade se alvoroça,
e desce à praça das bocas entreabertas
e começa:
"Outrora, nas senzalas, os senhores..."
Mas a liberdade que desce à praça
nos meados de maio
pedindo rumores,
é uma senhora esquálida, seca, desvalida
e nada sabe de nossa vida.
A liberdade que sei é uma menina sem jeito,
vem montada no ombro dos moleques
e se esconde
no peito, em fogo, dos que jamais irão
à praça.
Na praça estão os fracos, os velhos, os decadentes
e seu grito: "Ó bendita Liberdade!"
E ela sorri e se orgulha, de verdade,
do muito que tem feito!

A consciência trágica

Conforme Roland Barthes, em *Sobre Racine* (2008), mudar as coisas em seu contrário é a receita da tragédia que, imobilizando as contradições, mantém o conflito aberto.

A consciência dos poetas de que se encontram diante de um impasse de difícil solução, a curto e a médio prazo, posto pelas atuais condições de preconceito racial, leva-o a construir um sistema sígnico onde a matéria poética é apresentada, como na tragédia, de modo a despertar "piedade e horror". Como nos ensinou Aristóteles (1966), por "piedade" deve-se entender o sentimento em face daquele que é "infeliz sem o merecer", e por "terror", a reação que temos diante da "desdita de nosso semelhante". Assim, os poemas deste capítulo buscam, por um lado, atrair a "piedade" ou simpatia do leitor, isto é, exercer uma força de atração sobre ele; e, por outro, provocar o "terror" e a angústia, despertando uma repulsão em face à injustiça da discriminação e do preconceito de que os poetas ainda são vítimas, mesmo após mais de 100 anos de abolição.

Também – como nas formas do trágico – o poema pretende ter um efeito catártico, de purificação. É, portanto, trágica a consciência dos poetas apresentados neste capítulo, pela tendência obsessiva em mostrar as agruras do povo negro e a intenção de envolver o leitor no processo de purgação destes sentimentos.

Os poetas se interrogam sobre a esperança de virem a constituir uma verdadeira comunidade e a reencontrar um território cultural que lhes seja próprio.

Abdias do Nascimento

Biografia

Nascido no dia 14 de março de 1914 em Franca, São Paulo, Abdias do Nascimento é neto de africanos escravizados. Formou-se em Contabilidade e mais tarde em Economia pela Universidade Federal do Rio de Janeiro. Participou da Frente Negra Brasileira, e foi preso durante o período do Estado Novo. Em 1944 fundou o TEN – Teatro Experimental do Negro – e, em 1945, organizou a Convenção Nacional do Negro, visando a chamar a atenção da sociedade sobre a questão da criminalização do racismo. Perseguido pela ditadura militar, em 1969 Abdias exila-se nos EUA, tendo lecionado em diversas universidades naquele país. Durante o período, ainda participou de diversos eventos sobre a cultura negra. Com a redemocratização do Brasil, volta ao País e inicia uma vida política bastante ativa. Ajudou a fundar o PDT, elegeu-se Deputado Federal pelo Rio de Janeiro, em 1982, e Senador pelo mesmo estado em 1996. Em 2004 Abdias do Nascimento foi indicado ao Prêmio Nobel da Paz.

Bibliografia

Publicações:

Sortilégio (mistério negro). Rio de Janeiro: Teatro Experimental do Negro, 1959.
"Racial Democracy" in Brazil: Myth or Reality. Ile-Ife: University of Ife, 1976.
O Genocídio do Negro Brasileiro. Rio de Janeiro: Paz e Terra, 1978.
Mixture or Massacre. Buffalo: Afrodiaspora, 1979.
Sortilégio II: mistério negro de Zumbi redivivo. Rio de Janeiro: Paz e Terra, 1979.
O Quilombismo. Petrópolis: Vozes, 1980.
Sitiado em lagos. Rio de Janeiro: Nova Fronteira, 1981.
Axés do sangue e da esperança: Orikis. Rio de Janeiro: Achiamé/RioArte, 1983.
Jornada negro-libertária. Rio de Janeiro: Ipeafro, 1984.
Povo negro: a sucessão e a "nova república". Rio de Janeiro: Ipeafro, 1985.
Combate ao Racismo. Brasília: Câmara dos Deputados, 1983-86.
Africans in Brazil: a pan-african perspective (com Elisa Larkin Nascimento). Trenton: Africa World Press, 1991.
A luta afro-brasileira no Senado. Brasília: Senado Federal, 1991.
Orixás: os deuses vivos da África – Orishas: the living Gods of Africa in Brazil. Rio de Janeiro/Philadelphia: Instituto de Pesquisas e Estudos Afro-Brasileiros/Temple University, 1995.
O Brasil na mira do pan-africanismo. Salvador: Centro de Estudos Afro-Orientais – UFBA, 2002.
Quilombo (Edição em fac-símile do jornal dirigido por Abdias do Nascimento). São Paulo: Editora 34, 2003.

Participações:

Mission of the Brazilian Negro Experimental Theater. In: *The Crisis 56:9*, 1949.
Carta Aberta ao Festival Mundial das Artes Negras. In: *Tempo Brasileiro, ano IV, número 9/10*, 1966.
Afro-brazilian art: a liberating spirit. In: *Black Art: an International Quarterly I:1*, 1976.

Afro-brazilian theater, a conspicuous absence. In: *Afriscope VII:1*, 1977.
Teatro negro del Brasil: una experiencia socio-racial. In: *Popular theater for social change in Latin America, a bilingual anthology.* Los Angeles: UCLA Latin American Studies Center, 1978.
Reflections of an afro-brazilian. In: *Journal of Negro History LXIV:3*, 1979.
African presence in brazilian art. In: *Journal of african civilizations 3:2*, 1981.
Quilombismo: the african-brazilian road to socialism. In: *African culture: the rhythms of unity* (Ed. de Molefi K. Asante e Kariamu W. Asante). Trenton: Africa World Press, 1990.
Crosswinds: an anthology of african diaspora drama. (Ed. de William B. Branch). Bloomington: Indiana University Press, 1991.
Calalloo: a journal of African-American and African arts and letters – Special issue: African Brazilian literature, Baltimore, v. 18, n. 4, Fall 1995.
Teatro Experimental do Negro: trajetória e reflexões. Revista do Instituto de Estudos Avançados, USP 18(50), 2004.

Comentário crítico

O poeta alude a Exu, orixá que é muitas vezes equivocadamente associado ao diabo. Reabilitando a importância da figura de Exu no panteão dos orixás como o responsável pelas mensagens e pela comunicação, o poeta destaca, para o negro brasileiro, a recuperação da linguagem, para dizer o que precisa ser dito e que ainda não foi suficientemente dito dentro do contexto da negritude. No glossário situado ao fim da antologia *Axés do sangue e da esperança: Orikis* (1983), o próprio poeta define Exu da seguinte forma: "orixá da contradição, princípio da existência individualizada, portador do axé. Dinamizador de tudo o que existe no Aiyê e no Orum (céu), patrono do ato sexual". A este orixá cabe, pois, a importantíssima missão de ser o portador do axé, força espiritual dinâmica e neutra. A palavra axé tem para a comunidade negra uma importância tão grande que se transformou em uma saudação: quando membros da comunidade se encontram, desejam mutuamente que a energia vital de um passe para o outro. O poeta recupera a expressividade da palavra africana utilizando-a no título de seu livro escrito em letras vermelhas, pois o veículo do axé é, entre outros, o sangue. (Z.B.)

Seleção de poemas

 ### Padê de Exu libertador
In: Axés do sangue e da esperança: Orikis, 1983

Ó Exu
ao bruxoleio das velas
vejo-te comer a própria mãe
vertendo o sangue negro
que a teu sangue branco
                 enegrece
ao sangue vermelho
                 aquece
nas veias humanas
no corrimento menstrual
à encruzilhada dos
teus três sangues
deposito este ebó
preparado para ti

Tu me ofereces?
não recuso provar do teu mel
cheirando meia-noite de
marafo forte
sangue branco espumante
das delgadas palmeiras
bebo em teu alguidar de prata
onde ainda frescos boiam
o sêmen a saliva a seiva
sobre o negro sangue que
circula no âmago do ferro
e explode em ilu azul

Ó Exu-Yangui
príncipe do universo e
último a nascer

receba estas aves e
os bichos de patas que
trouxe para satisfazer
tua voracidade ritual
fume destes charutos
vindos da africana Bahia
esta flauta de Pixinguinha
é para que possas chorar
chorinhos aos nossos ancestrais
espero que estas oferendas
agradem teu coração e
alegrem teu paladar
um coração alegre é
um estômago satisfeito e
no contentamento de ambos
está a melhor predisposição
para o cumprimento das
leis da retribuição
asseguradoras da
harmonia cósmica

Invocando estas leis
imploro-te Exu
plantares na minha boca
o teu axé verbal
restituindo-me a língua
que era minha
e ma roubaram
sopre Exu teu hálito
no fundo da minha garganta
lá onde brota o
botão da voz para
que o botão desabroche
se abrindo na flor do
meu falar antigo
por tua força devolvido

monta-me no axé das palavras
prenhas do teu fundamento dinâmico
e cavalgarei o infinito
sobrenatural do orum
percorrerei as distâncias
do nosso aiyê feito de
terra incerta e perigosa

Fecha o meu corpo aos perigos
transporta-me nas asas da
tua mobilidade expansiva
cresça-me à tua linhagem
de ironia preventiva
à minha indomável paixão
amadureça-me à tua
desabusada linguagem
escandalizemos os puritanos
desmascaremos os hipócritas
filhos-da-puta
assim à catarse das
impurezas culturais
exorcizaremos a domesticação
do gesto e outras
impostas a nosso povo negro

Teu punho sou
Exu-Pelintra
quando desdenhando a polícia
defendes os indefesos
vítimas dos crimes do
esquadrão da morte
punhal traiçoeiro da
mão branca
somos assassinados
porque nos julgam órfãos
desrespeitam nossa humanidade

ignorando que somos
os homens negros
as mulheres negras
orgulhosos filhos e filhas do
Senhor do Orum
Olorum
Pai nosso e teu
Exu
de quem és o fruto alado
da comunicação e da mensagem

Ó Exu
uno e onipresente
em todos nós
na tua carne retalhada
espalhada por este mundo e o outro
faça chegar ao Pai a
notícia da nossa devoção
o retrato de nossas mãos calosas
vazias da justa retribuição
transbordantes de lágrimas
diga ao Pai que nunca
no trabalho descansamos
esse contínuo fazer
de proibido lazer
encheu o cofre dos exploradores
a mais-valia do nosso suor
recebemos nossa
menos-valia humana
na sociedade deles
nossos estômagos roncam de
fome e revolta nas
cozinhas alheias
nas prisões
nos prostíbulos
exibe ao Pai

nossos corações
feridos de angústia
nossas costas
chicoteadas
ontem
no pelourinho da escravidão
hoje
no pelourinho da discriminação

Exu
tu que és o senhor dos
caminhos da libertação do teu povo
sabes daqueles que empunharam
teus ferros em brasa
contra a injustiça e a opressão
Zumbi Luiza Mahin Luiz Gama
Cosme Isidoro João Cândido
sabes que em cada coração de negro
há um quilombo pulsando
em cada barraco
outro palmares crepita
os fogos de Xangô
iluminando nossa luta
atual e passada
Ofereço-te Exu
e ebó das minhas palavras
neste padê que te consagra
não eu
porém os meus e teus
irmãos e irmãs em
Olorum
nosso Pai
que está
no Orum

Laroiê!

Oliveira Silveira

Biografia

Oliveira Ferreira da Silveira nasceu no ano de 1941, em Touro Passo, distrito de Rosário do Sul, Rio Grande do Sul. Formado em Letras, durante muitos anos exerceu o magistério na capital gaúcha. Sua iniciação no mundo da literatura deu-se ainda na infância, através de causos, poemas e versos. Publicou seu primeiro poema em 1958, no jornal de Rosário do Sul. Foi um dos intelectuais afrodescendentes de maior destaque no País, tendo participado do Grupo Palmares na década de 70. Nessa mesma época, fez parte do grupo que propôs a criação de um dia nacional da Consciência Negra. Após a dissolução do grupo, passou a militar através da revista *Tição* e do Grupo Semba, até sua morte em 1º de janeiro de 2009.

Bibliografia

Publicações:
Germinou. Porto Alegre: Ed. do Autor, 1962.
Poemas regionais. Porto Alegre: Ed. do Autor, 1968.
Banzo, saudade negra. Porto Alegre: Ed. do Autor, 1970.
Décima do negro peão. Porto Alegre: Ed. do Autor, 1974.
Praça da palavra. Porto Alegre: Ed. do Autor, 1976.
Pelo escuro. Porto Alegre: Ed. do Autor, 1977.
Roteiro dos tantãs. Porto Alegre: Ed. do Autor, 1981.
Poema sobre Palmares. Porto Alegre: Ed. do Autor, 1987.
Anotações à margem. Porto Alegre: Secretaria Municipal de Cultura, 1994.
Orixás: pintura e poesia. Porto Alegre: Unidade Editorial Porto Alegre, 1995.
Poemas: antologia. Org. Nayara Rodrigues Silveira. Porto Alegre, Dos Vinte, 2009.

Ensaios:
Mini-história do negro brasileiro. Porto Alegre: Grupo Palmares, 1976.
A produção literária negra (1975-1985). In: ALVES, Miriam; CUTI; XAVIER, Arnaldo (Org.). *Criação crioula, nu elefante branco.* Secretaria de Estado da Cultura, 1987.
Nós, os negros. In: GONZAGA, Sergius; FISCHER, Luis Augusto (Coord.). *Nós, os gaúchos.* Porto Alegre: UFRGS, 1992.
O desafio cultural. In: FERREIRA, Antônio Mário Ferreira et al. (Coord.). *Na própria pele.* Porto Alegre: CORAG, 2000.
Vinte de novembro: história e conteúdo. In: SILVA, Petronilha Beatriz Gonçalves e; SILVÉRIO, Valter Roberto (Org.). *Educação e ações afirmativas: entre a injustiça simbólica e a injustiça econômica.* Brasília: INEP, 2003.

Participações:
Cadernos negros: 3 (1980); 11 (1988); os melhores poemas (1998).
Axé: antologia contemporânea da poesia negra brasileira (Org. Paulo Colina). São Paulo: Global, 1982.

Cadernos literários 19: poetas negros do Brasil. Porto Alegre: Edições Caravela/Instituto Cultural Português, 1983.

A razão da chama: antologias de poetas negros brasileiros (Org. Oswaldo de Camargo). São Paulo: GRD, 1986.

O Negro Escrito: apontamentos sobre a presença do negro na literatura brasileira (Org. Oswaldo de Camargo). São Paulo: Secretaria de Estado da Cultura; IMESP, 1987.

Schwarze Poesie – Poesia negra (Org. Moema Parente Augel). St.Gallen; Köln: Diá, 1988.

Pau de sebo: antologia de poesia negra (Org. Julia Duboc). Brodowski: Projeto Memória da Cidade, 1988.

Quilombo de Palavras: a literatura dos afrodescendentes (Org. Jônatas Conceição e Lindinalva Barbosa). Salvador: Centro de Estudos Afro-Orientais – UFBA, 2000.

Antologia do sul: poetas contemporâneos do Rio Grande do Sul (Org. CAMARGO, Dilan). Porto Alegre: Metrópole, 2001.

Antologia da poesia negra brasileira: o negro em versos (Org. SANTOS, Luiz Carlos dos; GALAS, Maria; TAVARES, Ulisses). São Paulo: Moderna, 2005.

Comentário crítico

O gaúcho Oliveira Silveira integra-se perfeitamente à corrente formada pelos demais poetas brasileiros engajados na valorização do negro e de sua cultura, distinguindo-se, porém, dos demais pela busca simultânea de uma identidade negra e gaúcha. Em sua poesia inserem-se o manancial do falar gauchesco e o quadro referencial do pampa, aos quais vêm associar-se elementos da cultura negra. Dessa forma, seus poemas afro-gaúchos encerram aspectos pouco conhecidos da história do negro no Rio Grande do Sul como a existência de todas as formas de resistência: do banzo à constituição dos quilombos. O resgate de lendas do sul do País, como o *Negrinho do Pastoreio*, e personagens de contos de João Simões Lopes Neto, como o Negro Bonifácio, servem de mote para a reelaboração poética a partir de uma ótica negra, colocando Oliveira Silveira entre as figuras de primeira grandeza no panorama da poesia afro-brasileira. (Z.B.)

Seleção de poemas

 O negro de fogo
In: Banzo, saudade negra, 1970.

O negro de fogo
que usava camisa encarnada
incendiou o futebol
incendiou o samba
        a rumba
        a conga
        o espiritual
e o coração das mulheres.

O negro de fogo
enrubesceu maçã do rosto
de encabuladas moças
pintadas de ruge e batom.

O negro de fogo
de carvão e brasa
piche e sangue.

O negro de fogo
incendiou a União Sul-Africana
e lançou fósforo aceso
sobre os Estados Unidos
(que assim não era possível).

O negro de fogo
pôs labaredas (não era possível)
nos organismos internacionais.

O negro de fogo
(assim não era possível)
atou num poste e jogou na fogueira

o ditador português
e Sua Majestade Britânica

O negro de fogo
– sempre chamado de sujo –
para ter bem-estar físico
impôs ao mundo uma higiene mental.

E assim – queimadas a gaiola, a grade
purificado o ar e limpo o céu –
entoou com voz azul
seu canto de liberdade.

 Décima do negro peão
In: Décima do negro peão, 1974.

O índio era maturrengo
como ninguém no lugar
só tocava o Marimbondo
e a polca de improvisar.

"Marimbondo pé redondo
asa de quiri-quiri
meu amor se foi embora
e eu também queria i."

Cheguei de nariz de folha
pra escutar u'as marquinhas
e pra ver minha crioula
que ajudava na cozinha.

"Marimbondo pé redondo
perna de quiri-quiri..."

Um trago e bati no ombro:
– Me empresta essa gaita aqui.

A polca de improvisar
logo na sala se ouvia
e também o Marimbondo
que era tudo que eu sabia.

Quando o café com bolacha
encheu pandulho vazio
do fundo uma voz se ouviu
e o domador na minha frente
me intimava pra um repente
foi assim o desafio:

BRANCO:

Se houver por aqui quem cante
que se apresente o cantor
seja branco seja preto
pode ser de toda cor
prefiro que seja preto
pra surrar de tirador

NEGRO:

Pra surrar de tirador
prefere que seja negro
é preto o teu tirador
é branca a lã do borrego
prefiro contrário branco
pra surrar de pelego.

BRANCO:

Pra surrar de pelego
não vais matar essa gana
e já que és crioulo
das selvas e da choupana
quero que faças um verso
só com palavra africana.

NEGRO:

Só com palavra africana
Bahia tem vatapá
Rio Grande canga e cacimba
e o Brasil tem orixá
eu tenho tunda e culepe
tuzina no teu tundá.

BRANCO:

Tuzina no teu tundá
tu não passas de um chereta
vou te dá uma cutucada
com a guiada na paleta
no fundo tu é mais lerdo
que o boi manso da carreta.

NEGRO:

Que o boi manso da carreta
é engano da tua parte
sou touro de pelo preto
que não se entrega ao abate
não tenho couro pra corda
não tenho carne pra charque.

Aí terminou a trova
porque o café se acabou
livrando de boa sova
o ginete cantador.

Mas a coisa se encorpava
e o índio dê-le resmungo
dizia que eu não dançava
que negro dança é um surungo.

Quis, bancando o topetudo
e assim relinchando grosso,
mostrar-se à ruana clinuda
com quem andava em retoço.

– Gaiteiro rengo e lunanco! –
era a voz do domador.
Eu disse: – Apura esse tranco,
baio velho marchador!

Subiu na porta do braço
a mão direita do taita
baixando uma adaga de aço
que quase me parte a gaita.

Senti o ímpeto paisano
do negro escravo guerreiro
peleando com os castelhanos
ao lado dos brasileiros.

Senti o ímpeto guerreiro
do negro livre paisano
peleando com os brasileiros
ao lado dos castelhanos.

Senti o ímpeto guerreiro
do negro escravo retinto
peleando com o lanceiro
na guerra de trinta e cinco.

Senti o ímpeto soldado
de negro preto-muçum
peleando de qualquer lado
perdendo de qualquer um.

Meu sangue foi rio do Congo
e as veias foram seu leito.
Sentia o tantã guerreiro
batendo dentro do peito.

Saímos da sala clara
entramos na noite escura
facão alumiando a cara
faiscando à meia-altura.

Comecei a brincadeira
pranchaço afofando pano
e passei-le uma rasteira
que aprendi com um baiano.

Era dê-le que te dê-le
tunda sumanta tuzina
montei a cavalo nele
e tosei de meia quilina.

Era dê-le que te dê-le
tunda tuzina sumanta
montei a cavalo nele
e toquei-le a espora na anca.

Era dê-le que te dê-le
sumanta tuzina tunda
montei a cavalo nele
e toquei a espora na bunda.

– Este pilungo maceta
era brabo, é redomão.
Se houver um outro sotreta
deixo de queixo no chão.

Se viesse um eu domava
em dois eu botava freio
pra cinco encarapuçava
pra dez eu dava rodeio.

Ninguém arriscava o couro
talvez temendo o curtume
ou por ser poleango o touro
e a noite puro negrume.

Mas eis que escarvando terra
parei e silêncio fiz:
senti um vazio de desterro
e um falso de sem-raiz.

Me senti um poleango mocho
só na tropa e de sinuelo.
Como faz falta no arrocho
um irmão do mesmo pelo!

Voltar – foi minha ideia –
pra gente que me quer bem.
Ou seguir para a Soteia
que era voltar também.

Puxei o zaino xobrega
montei sem dizer adeus
alcei na garupa a negra
que era tudo que era meu.

E a noite foi nos guardando
em seu materno aconchego.
A noite, placenta grande
como um continente negro.

Porto Alegre, abril 1970.

 ## O negro Bonifácio
In: Pelo escuro, 1977.

E mataram o Bonifácio
num comércio de carreira...
Negro maula e cachaceiro,
de má bebida o negrão,
debochado e fanfarrão
mas galo em qualquer terreiro.

Pois foi na carreira grande:
a Tundinha escolheu (que zelo!
que olhos, lábios, cabelos!)
o tordilho, e o Bonifácio
jogou no pingo picaço
talvez por ser do seu pelo.

Se vieram, batendo casco,
e o tordilho é que ganhou.
E o Bonifácio pagou...
Mas de ofensa em desaforo
formou-se um baita dum rolo
e o Nadico estrebuchou.

Bonifácio espalhou talho
pranchaço e gente no chão.
Contra a pistola dois-canos
e contra a adaga, o facão,
arma de negro africano
reluzindo em sua mão.

Vinte ferros faiscando,
solito o negro-tição.
Chaleira de chimarrão
mais queimando a preta dele
e, enquanto se estorce a velha,
boleadeiras à traição.

Prateando ainda o Nadico,
a Tudinha junto ao corpo
golpeava no negro morto
a parte que fora sua...
Hoje, daquela chirua...
Mulheres... mistério torto.

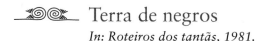 Terra de negros
In: Roteiros dos tantãs, 1981.

    Terra de engenhos
    negro moendo
    cana escorrendo
    suor amargando
terra de minas
negro cavando
ouro sorrindo
(ouro dos outros)

terra café
cacau e milho
negro plantando
negro colhendo
esperanças renascendo
terra de estância
charqueada grande
negro se salgando
terra quilombo
choça e mocambo
negro lutando
e resistindo
se libertando
terra xangô
tambor de mina
e candomblé
linha e umbanda
batuque e samba
macumba e negro
reza-dançando
terra congada
maracatu
reisado e negro
representando
terra comida
pratos baianos
quindim quitutes
negro fazendo
terra capoeira
rabo-de-arraia
negro golpeando
terra favela
morro de miséria
e o negro nela
(breque) até quando?

No mapa

In: Roteiro dos tantãs, 1981.

Pelo litoral
ficou
de norte a sul
nagô.
Ficou no Recife:
xangô.
Na Bahia ficou:
candomblé.
No Rio grande é o quê?
- Batuque, tchê.

Filho de santo
de bombacha,
Ogum
comendo churrasco:
jeito
gaúcho
do negro
batuque.

Outra nega Fulô

In: Cadernos negros: os melhores poemas, 1998.

O sinhô foi açoitar
a outra nega Fulô
– ou será que era a mesma?
A nega tirou a saia,
A blusa e se pelou,
O sinhô ficou tarado,
Largou o relho e se engraçou.
A nega em vez de deitar
Pegou um pau e sampou
Nas guampas do sinhô.
– Essa nega Fulô!
Esta nossa Fulô!,
Dizia intimamente satisfeito
O velho pai João
Pra escândalo do bom Jorge de Lima,
Seminegro e cristão.
E a mãe-preta chegou bem cretina
Fingindo uma dor no coração.
– Fulô! Fulô! Ó Fulô!
A sinhá burra e besta perguntou
Onde é que tava o sinhô
Que o diabo lhe mandou.
– Ah, foi você que matou!
– É sim, fui eu que matou –
Disse bem longe a Fulô
pro seu nego, que levou
ela pro mato, e com ele
aí sim ela deitou.
Essa nega Fulô!
Esta nossa Fulô!

1979

Cabelos que negam
In: Poemas, 2009.

Peruca lisa, cabelo alisado,
cabelo imitando o cabelo
da branca,
cabelo amaciado, ou seja,
cabelo meia-boca próximo
ao cabelo da branca;
cabelo artificial de tranças
longas para bons
trejeitos tipo branca;
cabelos que branca não tem
ou não usa
e exercem o mesmo ritual
do cabelo da branca:
rolam pelo ombro, espaldas
ou bem abrandados deslizam
no pente, escova, dedos
da preta que queria ser
a parda que queria ser
a clara que queria ser
a branca.

Paulo Colina

Biografia

Nato no interior do estado de São Paulo, em 09 de março de 1950, Paulo Eduardo de Oliveira assumiu o nome da pequena cidade onde nasceu. Dedicou-se à poesia, à prosa, ao teatro e à música, além de ter produzido traduções de diversas obras e participado da diretoria da União Brasileira de Escritores na década de 80. A partir de 1975, juntamente com os escritores Oswaldo de Camargo e Abelardo Rodrigues formou o chamado Triunvirato, grupo que se reunia para discutir textos sobre a literatura negra. Esse grupo foi a gênese daquele que se formou em 1978 com o nome de Quilombhoje. Em 1982 organizou o livro *Axé: antologia contemporânea da poesia negra brasileira*, trabalho fundamental para o processo de reconhecimento da produção poética afro-brasileira. No mês de outubro de 1999, aos 49 anos, o poeta faleceu em São Paulo, vítima do mal de Chagas. Deixou duas obras inéditas: *Senta que o dragão é manso*, livro de contos; e *Entre dentes*, drama teatral em um ato.

Bibliografia

Publicações:

Fogo cruzado. São Paulo: Edições Populares, 1980.
Plano de voo. São Paulo: Roswitha Kempf , 1984.
A noite não pede licença. São Paulo: Roswitha Kempf, 1987.
Todo o fogo da luta. São Paulo: J. Scotcecci, 1989.
O coroinha. São Paulo: Loyola, 1991.

Participações:

Cadernos negros: 2-3 (1979-80).
Axé: antologia contemporânea da poesia negra brasileira (Org. Paulo Colina). São Paulo: Global, 1982.
A razão da chama: antologia de poetas negros brasileiros (Org. Oswaldo de Camargo). São Paulo: GRD, 1986.
Schwarze Poesie – Poesia negra (Org. Moema Parente Augel). St.Gallen; Köln: Diá, 1988.
Antologia da nova poesia brasileira (Org. Olga Savary). Rio de Janeiro: Fundação Rio; RioArte, 1992.
Schwarze Prosa – Prosa negra (Org. Moema Parente Augel). St Gallen; Berlin; São Paulo: Diá, 1993.
Antologia da poesia negra brasileira: o negro em versos (Org. SANTOS, Luiz Carlos dos; GALAS, Maria; TAVARES, Ulisses). São Paulo: Moderna, 2005.

Comentário crítico

Paulo Colina constrói sua poesia em torno do simbolismo do *voo* que remete ao desejo de evasão do poeta do mundo real e à sua aguda consciência de que a realidade que o cerca é tão opressiva e enclausurante que só um bem elaborado *plano de voo* pode levar à sua superação. O símbolo de voo é ambivalente: se, por um lado, aponta para a lúcida compreensão do poeta do esforço que terá de realizar, alçando voo "para libertar este pássaro/que se bate há tanto tempo dentro de mim", por outro, revela a descrença de que a solução para os problemas venha a ser encontrada nos limites do concreto e do humano. A recorrência, ao longo de sua obra, das imagens de pássaros, asas e voos indica o desejo do autor de libertar-se da realidade circundante, onde sente-se "emparedado", para empreender a busca de espaços abertos que possibilitem seu reencontro consigo mesmo. Cláudio Willer (no prefácio de *Plano de voo*, 1984) acentua em que medida o poeta, em sua condição de negro numa sociedade onde as regras são ditadas por brancos, vivencia a experiência da marginalidade, acentuada "por sua identificação com toda a problemática do negro, por sua vivência e sua aguda lucidez no enfoque desta questão". (Z.B.)

Seleção de poemas

 Imagens
In: Plano de voo, 1984.

>Agora, eu
>não deveria estar aqui
>plantando ante a agonia
>de me saber sombra e carne
>tentando
>   mágico frustrado
>retirar dum copo meu ser inteiro.
>
>Eu
>não deveria tentar
>aqui, agora,
>montar o interminável
>quebra-cabeças
>   que sou.
>Lágrimas sempre atrapalham.

Pequena balada insurgente
In: Plano de voo, 1984.

Não há temores:
há o temor,
o medo puro e simples de que no amanhã
(o tal sem rédeas, sem fuso horário)
essas palavras incendiadas
                      em meio à madrugada,
essas palavras amordaçadas
a força de covardes ameaças postadas,
de placas impunes que cantam pneus
                      em meio à madrugada,
essas palavras amordaçadas
a força de covardes ameaças postadas,
de placas impunes que cantam pneus
                      em meio dia
(cheio de compromissos, como sempre)
ou a tarde
              (tão cansada!)
invadam, anômalas,
comandadas por uma súcia de merda,
nossas janelas
ou lacrem nossas portas
              ao raiar da incerteza.

Não há rancor nem ódio:
há esse clamor surdo
que rebenta em meu coração,
face a tantas bocas subterrâneas,
face a tanto cuidar de telenovelas,
                      samba e futebol.
Até quando nossos filhos poderão
continuar a soltar pipas,
a rolar juntos,
todos juntos,

na terra, cimento
na grama, na lama,
brincando de serem irmãos?

Não há rancor nem ódio:
há apenas esse clamor surdo
que rebenta em meu coração
ante nossas mãos tão inúteis
que sustentam essa alegoria
                          crua
de senzala favela e sarjeta.

Há meia-lua, meia-dose,
meia-hora, meio-fio,
não meia foda.

A se decidir.
Há que se decidir, senhores,
pois mesmo entre as noturnas sombras
                          desse imenso véu,
as asas negras de meu nariz
continuarão insistindo em ganhar
                o espaço aberto dos céus.

Plano de voo

In: Plano de voo, 1984.

quebrar o elo
     com o silêncio
abrir a porta
    da rua
e despertar esse morto
abrir os braços
e libertar esse pássaro
      louco
que se bate
há tanto tempo
    dentro de mim
deixar que saia cidade
      adentro
planando
vagando lua bêbada
    e sem destino
sobre a cobertura negraveludada
      da noite
senhor desse universo
sem conter esse desejo
essa sede do fundo
    do poço

que não sacia
sem se opor
por ordem ou norma
    à emoção
porque amanhã
nos foderemos mesmo
     de qualquer forma

Cuti

Biografia

Luiz Silva nasceu em Ourinhos, São Paulo, no dia 31 de outubro de 1951. É formado em Letras pela Universidade de São Paulo, Mestre em Letras pela Universidade de Campinas, e Doutorando pela mesma instituição. Dramaturgo, ensaísta, ficcionista e poeta, é um dos mais destacados intelectuais negros. Atua na criação, na crítica, e no trabalho político-cultural junto à comunidade afro-brasileira. Militante ativo, Cuti foi membro fundador do grupo Quilombhoje Literatura, organizando os volumes da série *Cadernos negros* desde a sua primeira edição até 1993. Também atuou no *Jornegro* e organizou várias edições do FECONEZU – Festival Comunitário Negro Zumbi. O autor também se empenha no resgate da memória do movimento negro.

Bibliografia

Publicações:

Poemas da carapinha. São Paulo: Ed. do Autor, 1978.
Batuque de tocaia. São Paulo: Ed. do Autor, 1982.
Suspensão. São Paulo: Ed. do Autor, 1983.
Flash crioulo sobre o sangue e o sonho. Belo Horizonte: Mazza, 1987.
Quizila. São Paulo: Quilombhoje, 1987.
A pelada peluda no Largo da Bola. São Paulo: EDB, 1988.
Terramara: peça em 3 atos (com Miriam Alves e Arnaldo Xavier). São Paulo: Ed. dos Autores, 1988.
Dois nós na noite e outras peças de teatro negro-brasileiro. São Paulo: Eboh, 1991.
Negros em contos. Belo Horizonte: Mazza, 1996.
Sanga. Belo Horizonte: Mazza, 2002.
Negroesia: antologia poética. Belo Horizonte: Mazza, 2007.
Contos Crespos. Belo Horizonte: Mazza, 2009.
Moreninho, Neguinho, Pretinho. São Paulo: Terceira Margem, 2009 (Coleção Percepções da Diferença – Negros e Brancos na Escola).
Poemaryprosa. Belo Horizonte: Mazza, 2009.

Ensaios:

Literatura negra brasileira: notas a respeito de condicionamentos. In: QUILOMBHOJE (Org.). *Reflexões sobre a literatura afro-brasileira*. São Paulo: Conselho de Participação e Desenvolvimento da Comunidade Negra, 1985.
Fundo de quintal nas umbigadas. In: ALVES, Miriam; CUTI; XAVIER, Arnaldo (Org.). *Criação crioula, nu elefante branco*. Secretaria de Estado da Cultura, 1987.
Um desafio submerso: Evocações, de Cruz e Sousa, e seus aspectos de construção poética. Dissertação (Mestrado em Letras) – Universidade de Campinas, Campinas. 1999.
A poesia erótica nos Cadernos Negros. In: FONSECA, Maria Nazareth Soares (Org.). *Brasil afro-brasileiro*. Belo Horizonte: Autêntica, 2000.
A Consciência do impacto nas obras de Cruz e Souza e Lima Barreto. Belo Horizonte: Autêntica, 2009.

Participações:

Cadernos negros: 1-16 (1978-93); 18-33 (1995-2010); os melhores contos (1998); os melhores poemas (1998).

Axé: antologia contemporânea da poesia negra brasileira (Org. Paulo Colina). São Paulo: Global, 1982.

A razão da chama: antologias de poetas negros brasileiros (Org. Oswaldo de Camargo). São Paulo: GRD, 1986.

O Negro Escrito: apontamentos sobre a presença do negro na literatura brasileira (Org. Oswaldo de Camargo). São Paulo: Secretaria de Estado da Cultura; IMESP, 1987.

Pau de sebo: antologia de poesia negra (Org. Julia Duboc). Brodowski: Projeto Memória da Cidade, 1988.

Schwarze poesie – Poesia negra (Org. Moema Parente Augel). St.Gallen; Köln: Diá, 1988.

Schwarze prosa – Prosa negra (Org. Moema Parente Augel). St Gallen; Berlin; São Paulo: Diá, 1993.

Calalloo: a journal of African-American and African arts and letters – Special issue: African Brazilian literature, Baltimore, v. 18, n. 4, Fall 1995.

Trabalhadores do Brasil: histórias cotidianas do povo brasileiro (Org. Roniwalter Jatobá). São Paulo : Geração Editorial, 1998.

Quilombo de Palavras: a literatura dos afrodescendentes (Org. Jônatas Conceição e Lindinalva Barbosa). Salvador: Centro de Estudos Afro-Orientais – UFBA, 2000.

Comentário crítico

A poesia de Cuti constrói-se com o objetivo de mobilização do grupo do qual o poeta sente-se o porta-voz, utilizando uma linguagem corrosiva que se nutre, com frequência, do léxico de *luta* e de *agressão* contra uma realidade que perpetua, cem anos após a Abolição, a dialética casa grande/senzala. É significativa a invocação de Exu, o orixá da ventania, cuja missão fundamental é a de abrir os caminhos e impulsionar o desenvolvimento dos seres. A principal característica dessa entidade controvertida e múltipla é a guerreira. Guerreira é também a poesia de Cuti, que encerra um apelo explícito de reversão da situação de exclusão e marginalidade a que foi relegado o negro no Brasil. Fazendo uso de uma simbologia de armas de combate, o discurso poético desse paulistano contribui, de forma decisiva, para revelar os problemas fundamentais do negro brasileiro ainda vítima de preconceito e de discriminação. É um dos poetas com mais longa carreira, escrevendo há mais de 30 anos, e tendo participado de praticamente todas as edições dos *Cadernos negros*, além de ter uma atuação ativa em obras teórico-críticas a repeito da literatura negra, sobre a qual tem posições cuja coerência vem mantendo ao longo de toda a sua carreira como escritor e ensaísta. (Z.B.)

Seleção de poemas

 Sou negro
In: Poemas da carapinha, 1978.

Sou negro
Negro sou sem mas ou reticências
Negro e pronto!
Negro pronto contra o preconceito branco
O relacionamento manco
Negro no ódio com que retranco
Negro no meu riso branco
Negro no meu pranto
Negro e pronto!
Beiço
Pixaim
Abas largas meu nariz
Tudo isso sim
– Negro e pronto! –
Batuca em mim
Meu rosto
Belo novo contra o velho belo imposto
E não me prego em ser preto
Negro pronto
Contra tudo o que costuma me pintar de sujo
Ou que tenta me pintar de branco
Sim
Negro dentro e fora
Ritmo – sangue sem regra feita
Grito – negro – força
Contra grades contra forcas
Negro pronto
Negro e pronto

Eu negro

In: Poemas da carapinha, 1978.

Areia movediça na anatomia da miséria
Pano-pra-manga na confecção apressada de humanidade
Chaga escarnada contra o risco atômico dos ladrões
Espinho nos olhos do aquecimento feliz de ontem
Eu
Eu feito de sangue e nada
De Amor e Raça
De alegrias explosivas no corpo do sofrimento e mágoa.
Ponto de encontro das reflexões vacilantes da História
Esperança fomentada em fome e sede
Eu

A sombra decisiva dos iluminismos cegos
O câncer dos humanismos desumanos
Eu
Eu feito
De amor e Raça
De alegrias incontroláveis que arrebentam as rédeas dos
sentimentos egoístas

Eu
Que dou vida às raízes secas das vegetações brancas
Eu
Ébano que não morreu no temporal das agressões doentias
Força que floresceu no tempo das fraquezas alheias
Feito de Amor e Raça
E alegrias explosivas.

Cultura negra
In: Cadernos negros 19, 1996.

ariano afago
sobre a suposta acocorada
infância nossa

a cor sim
e não
reelabora elegbara

orixás não tomam chás de academias
tampouco em mídia sui-seda
cedem

        poema de negrura exposta
        tece vida
        na resposta
abrindo a porta enferrujada de silêncio

explode um coice
o bode
entre folclóricas nuvens e teses
de negócios afagos

alvos a-tingidos desesperam
em busca de tambores
ritos
puros mitos
em águas paradas
de poemas pardos
que lhes salvem da chuva de negrizo

Ferro
In: Batuque de tocaia, 1982.

Primeiro o ferro marca
a violência nas costas
Depois o ferro alisa
a vergonha nos cabelos
Na verdade o que se precisa
é jogar o ferro fora
é quebrar todos os elos
dessa corrente
de desesperos

Sanga
In: Sanga, 2002.

Neurônios adentro
vão-se as palavras tecendo a vida e a morte

alaga-se o espelho de riso e lágrima
onde a escuridão celebra o mistério e a bonança

o sol nada com sua avidez de sombra
até que docemente ungido
se permite o orgasmo e alcança
a noite pelo seu íntimo

untados os raios com abissais carícias
de bronzeada a luz enegrece
transformada em toque e delícia
por entre as pedras
abrindo atalhos e sendas.

 ## Trincheira
In: Sanga, 2002.

Falaram tanto que nosso cabelo era ruim
que a maioria acreditou
e pôs fim
(raspouqueimoualisoufrisourelaxoucanecaloucuras)

ainda bem que as raízes continuam intactas
e há maravilhosos pelos
crespos
conscientes
no quilombo das regiões
íntimas
de cada um de nós.

 ## Negroesia
In: Negroesia: antologia poética, 2007.

Enxurrada de mágoas sobre os paralelepípedos
por onde passam carroções de palavras duras
com seus respectivos instrumentos de tortura

entre silêncios
augúrios de mar e rios
o poema acende seus pavios
e se desata
do vernáculo que mata
ao relento das estrofes
acolhe os risos afros
embriagados
de esquecimento e suicídio
no horizonte do delírio

e do âmago do desencanto contesta as máscaras
lançando explosivas metáforas pelas brechas dos poesídios
contra o arsenal do genocídio.

 ## Tristes trópicos
In: Cadernos negros 31, 2008.

depois de escravo
pensei que podia
garantir ao menos
em paz
a comida

o coma veio logo
depois da imensa ferida

desvendar a fera que nos consome e ilude
cravar-lhe os dentes na carne
o que pude

mas ela continua:
bebe sangue
mar
rio
açude.

A POESIA AFRO-BRASILEIRA NO FEMININO

Conceição Evaristo

Miriam Alves

Leda Maria Martins

Esmeralda Ribeiro

Jussara Santos

Ana Cruz

A literatura afro-brasileira no feminino constitui-se, na contemporaneidade, em um ponto forte no âmbito da literatura afro-brasileira em geral. Assumindo as rédeas da própria enunciação, as escritoras, cuja seleção apresentamos a seguir, coadunam, em seu fazer literário, a busca de afirmação da identidade feminina e negra.

Segundo Edilene Machado Pereira (2010), "por sofrerem dupla discriminação, de raça e de gênero, [foram negados às mulheres negras] direitos sociais básicos como a escolarização. Assim, enquanto as mulheres brancas entraram no mercado de trabalho já escolarizadas, as mulheres negras, mesmo sempre tendo trabalhado, não contaram com o benefício da escolarização". Gradativamente, as mulheres negras vêm conquistando o acesso à educação e ao mercado de trabalho, o que garante uma situação privilegiada de fala.

Serão avaliadas as estratégias de construção dos textos em um espaço intervalar entre memória e esquecimento. As poetas reiteram o resgate de imaginários de herança afro e atribuem a si próprias e às comunidades às quais estão ligadas uma memória longa. As raízes dessa memória de longa duração serão buscadas, sobretudo, no âmbito familiar, trazendo à tona a genealogia de mulheres que as precederam e, portanto, remontando ao período escravocrata. Evidenciam no poema a memória histórica, rememorando fatos da história do negro no Brasil – deletados da historiografia oficial devido à condição que os descendentes de africanos ocupavam na sociedade –, e a memória familiar, que parte em busca dos ensinamentos e da sabedoria contida na oralitura das gerações que as antecederam.

Iniciamos a análise dessa fase bastante recente da poesia afro-brasileira, em que se nota a predominância do resgate da memória social, do minucioso labor no trato da linguagem e de construções identitárias rizomáticas.

Conceição Evaristo

Biografia

Maria da Conceição Evaristo de Brito nasceu em Belo Horizonte, Minas Gerais, em 29 de novembro de 1946, mudando-se para o Rio de Janeiro em 1973. Graduada em Letras pela Universidade Federal do Rio de Janeiro, Mestre em Literatura Brasileira pela Pontifícia Universidade Católica do Rio de Janeiro e Doutoranda em Literatura Comparada pela Universidade Federal Fluminense. Em sua tese, estuda a relação entre a literatura afro-brasileira e a literatura africana lusófona. Estreou na literatura em 1990, publicando contos e poemas na série *Cadernos negros*. Versátil, escreve poemas, romances e ensaios, publicados em países como Alemanha, Estados Unidos e Inglaterra. Conceição é, também, participante ativa de diversos movimentos de valorização da cultura negra e trabalha como professora da rede pública municipal do Rio de Janeiro.

Bibliografia

Publicações:
Ponciá Vicêncio. Belo Horizonte: Mazza, 2003.
Becos da Memória. Belo Horizonte: Mazza, 2006.
Poemas da recordação e outros movimentos. Belo Horizonte: Nandyala, 2008.

Ensaios:
Literatura Negra: uma poética de nossa afro-brasilidade. Dissertação (Mestrado em Letras) – Pontifícia Universidade Católica do Rio de Janeiro, Rio de Janeiro. 1996.
Da representação à autoapresentação da Mulher Negra na Literatura Brasileira. In: *Revista Palmares – Cultura Afro-brasileira*. Brasília: Fundação Palmares/Minc, Ano 1, n°. 1, Agosto, 2005.
Gênero e etnia: uma escre(vivência) de dupla face. In: MOREIRA, Nadilza M. de Barros & SCHNEIDER, Liane. *Mulheres no mundo: etnia, marginalidade, diáspora*. João Pessoa: Idéia; UFPB, 2005.
Vozes quilombolas: Literatura afro-brasileira. In: GARCIA, Januário (Org.). *25 anos do Movimento Negro*. Brasília: Fundação Palmares, 2006.
Da grafia-desenho de Minha Mãe, um dos lugares de nascimento de minha escrita. In: ALEXANDRE, Marcos Antonio (Org.). *Representações performáticas brasileiras: teorias, práticas e suas interfaces*. Belo Horizonte: Mazza, 2007.

Participações:
Cadernos negros: 13-16 (1990-93); 18-19 (1995-96); 21-22 (1998-99); 25-26 (2002-03); 30 (2007); os melhores contos (1998); os melhores poemas (1998).
Vozes mulheres: mural de poesias. Niterói/RJ: Edição coletiva, 1991.
Gergenwart. (Org. Moema Parente Augel). Berlin/São Paulo: Diá, 1993.
Finally Us: contemporary black brazilian women writers. Colorado: Three Continent, 1995.

Moving beyond boundaries: international dimension of black women's writing. London: Pluto, 1995.

Calalloo: a journal of African-American and African arts and letters – Special issue: African Brazilian literature, Baltimore, v. 18, n. 4, Fall 1995.

Fourteen female Voices from Brazil (Org. Elzbieta Szoka). Austin: Host, 2002.

Brasil/África: como se o mar fosse mentira. (Org. Rita Chaves, Carmen Secco e Tania Macedo). São Paulo/Luanda: UNESP/Chá de Caxinde, 2006.

Textos poéticos africanos de Língua Portuguesa e afro-brasileiros. (Org. Elisalva Madruga Dantas et all.). João Pessoa: Idéia, 2007.

Comentário crítico

Conceição Evaristo demonstra na obra *Poemas da recordação e outros movimentos* (2008) o orgulho de ser mulher e de ser negra, traz à tona a memória identitária do negro, representada por lembranças de infância das histórias contadas por sua família, como no poema "Recordar é preciso", valorizando assim a oralidade. Em sua poesia aborda questões ligadas à maternidade e aos dramas da mulher negra, desde as gerações que vieram da África na condição de escravos até os dias de hoje, como no poema "Vozes-mulheres". Em "A noite não adormece nos olhos das mulheres" apresenta a resistência, a angústia, o medo e o receio da mulher escrava ao fugir do dono para não ter de se distanciar do filho recém-nascido. Em "De mãe" ressalta a importância do conhecimento, da sabedoria e da experiência de seus ancestrais. Em "Meu rosário" relaciona o sofrimento da senzala com dura realidade da comunidade negra de hoje, lutando contra a discriminação e a pobreza. (E.C.S.)

Seleção de poemas

 ### Todas as manhãs
In: Poemas da recordação e outros movimentos, 2008.

Todas as manhãs acoito sonhos
e acalento entre a unha e a carne
uma agudíssima dor.
Todas as manhãs tenho os punhos
sangrando e dormentes
tal é a minha lida
cavando, cavando torrões de terra,
até lá, onde os homens enterram
a esperança roubada de outros homens.
Todas as manhãs junto ao nascente dia
ouço a minha voz-banzo,
âncora dos navios de nossa memória.
E acredito, acredito sim
que os nossos sonhos protegidos
pelos lençóis da noite
ao se abrirem um a um
no varal de um novo tempo
escorrem as nossas lágrimas
fertilizando toda a terra
onde negras sementes resistem
reamanhecendo esperanças em nós.

 ### Do velho ao jovem
In: Poemas da recordação e outros movimentos, 2008.

Na face do velho
as rugas são letras,
palavras escritas na carne,
abecedário do viver.

Na face do jovem
o frescor da pele
e o brilho dos olhos
são dúvidas.

Nas mãos entrelaçadas
de ambos,
o velho tempo
funde-se ao novo,
e as falas silenciadas
explodem.

O que os livros escondem,
as palavras ditas libertam.
E não há quem ponha
um ponto final na história.

Infinitas são as personagens...
Vovó Kalinda, Tia Mambene,
Primo Sendo, Ya Tapuli,
Menina Meká, Menino Kambi,
Niede do Brás, Cíntia da Lapa,
Piter do Estácio, Cris de Acari,
Mabel do Pelô, Sil de Manaíra,
e também de Santana e de Belo
e mais e mais, outras e outros...

Nos olhos do jovem
também o brilho de muitas histórias.
E não há quem ponha
um ponto no rap.
É preciso eternizar as palavras
da liberdade ainda e agora...

Vozes-mulheres
In: Poemas da recordação e outros movimentos, 2008.

A voz de minha bisavó ecoou
criança
nos porões do navio.
Ecoou lamentos
de uma infância perdida.
A voz de minha avó
ecoou obediência
aos brancos-donos de tudo.
A voz de minha mãe
ecoou baixinho revolta
no fundo das cozinhas alheias
debaixo das trouxas
roupagens sujas dos brancos
pelo caminho empoeirado
rumo à favela.
A minha voz ainda
ecoa versos perplexos
com rimas de sangue
e
fome.
A voz de minha filha
recorre todas as nossas vozes
recolhe em si
as vozes mudas caladas
engasgadas nas gargantas.
A voz de minha filha
recolhe em si
a fala e o ato.
O ontem - o hoje - o agora.
Na voz de minha filha
se fará ouvir a ressonância
o eco da vida-liberdade.

Meu rosário

In: Poemas da recordação e outros movimentos, 2008.

Meu rosário é feito de contas negras e mágicas.
Nas contas de meu rosário eu canto Mamãe Oxum e falo
padre-nossos, ave-marias.
Do meu rosário eu ouço os longínquos batuques do meu
povo e encontro na memória mal
adormecida as rezas dos meses de maio de minha infância.
As coroações da Senhora, em que as
meninas negras, apesar do desejo de coroar a Rainha,
tinham de se contentar em ficar ao pé do
altar lançando flores.
As contas do meu rosário fizeram calos nas minhas mãos,
pois são contas do trabalho na terra,
nas fábricas, nas casas, nas escolas, nas ruas, no mundo.
As contas do meu rosário são contas vivas.
(Alguém disse um dia que a vida é uma oração, eu diria,
porém, que há vidas-blasfemas.)
Nas contas de meu rosário eu teço intumescidos sonhos de
esperanças.
Nas contas de meu rosário eu vejo rostos escondidos por
visíveis e invisíveis grades
e embalo a dor da luta perdida nas contas do meu rosário.
Nas contas de meu rosário eu canto, eu grito, eu calo.
Do meu rosário eu sinto o borbulhar da fome no
estômago, no coração e nas cabeças vazias.
Quando debulho as contas de meu rosário, eu falo de mim
mesma um outro nome.
E sonho nas contas de meu rosário lugares, pessoas, vidas
que pouco a pouco descubro reais.
Vou e volto por entre as contas de meu rosário, que são
pedras marcando-me o corpo-caminho.
E neste andar de contas-pedras, o meu rosário se
transmuda em tinta, me guia o dedo, me
insinua a poesia.

E depois de macerar conta por conta o meu rosário, me
acho aqui eu mesma e descubro que
ainda me chamo Maria.

 A noite não adormece nos olhos das mulheres
In: Poemas da recordação e outros movimentos, 2008.
Em memória de Beatriz Nascimento

A noite não adormece
nos olhos das mulheres
a lua fêmea, semelhante nossa,
em vigília atenta vigia
a nossa memória.
A noite não adormece
nos olhos das mulheres
há mais olhos que sono
onde lágrimas suspensas
virgulam o lapso
de nossas molhadas lembranças.
A noite não adormece
nos olhos das mulheres
vaginas abertas
retêm e expulsam a vida
donde Ainás, Nzingas, Ngambeles
e outras meninas luas
afastam delas e de nós
os nossos cálices de lágrimas.
A noite não adormecerá
jamais nos olhos das fêmeas
pois do nosso sangue-mulher
de nosso líquido lembradiço
em cada gota que jorra
um fio invisível e tônico
pacientemente cose a rede
de nossa milenar resistência.

Miriam Alves

Biografia

Miriam Aparecida Alves nasceu em São Paulo no ano de 1952. Professora e assistente social, começou a escrever aos onze anos, porém só passou a publicar seus textos após ingressar no grupo Quilombhoje, na década de 80. Seu primeiro livro, *Momentos de busca* (1983), é uma coleção desses poemas escritos desde a adolescência. Além de escrever poesias, Miriam Alves também escreve contos, participando de diversas edições da série *Cadernos negros*. A escritora participa ativamente de palestras e debates sobre as questões afrodescendentes. Participou de diversas apresentações de trabalhos e publicações no exterior, além de recentemente ter ministrado cursos de literatura e cultura afro-brasileira nos EUA.

Bibliografia

Publicações:
Momentos de busca. São Paulo: Ed. da Autora, 1983.
Estrelas no dedo. São Paulo: Ed. da Autora, 1985.
Terramara (com Arnaldo Xavier e Cuti) São Paulo: Ed. dos Autores, 1988.

Ensaios:
Axé Ogum. In: QUILOMBHOJE (Org.). *Reflexões sobre a literatura afro-brasileira.* São Paulo: Conselho de Participação e Desenvolvimento da Comunidade Negra, 1985.
Discurso temerário. In: ALVES, Miriam; CUTI; XAVIER, Arnaldo (Org.). *Criação crioula, nu elefante branco.* São Paulo: Secretaria de Estado da Cultura, 1987.
Cadernos negros 1 – o postulado de uma trajetória. In: DUARTE, Constância L.; BEZERRA, Kátia; DUARTE, Eduardo A (Org.). *Gênero e representação: teoria, história e crítica.* Belo Horizonte: Pós-Lit – FALE – UFMG, 2002.
BrasilAfro autorrevelado: literatura brasileira contemporânea. Belo Horizonte: Nandyala, 2010. (Coleção Repensando África)

Participações:
Cadernos negros: 5 (1982); 7-13 (1984-90); 17 (1994); 19-22 (1996-99); 24-26 (2001-03); 29 (2006); 31 (2008); os melhores contos (1998); os melhores poemas (1998).
Axé: antologia contemporânea da poesia negra brasileira (Org. Paulo Colina). São Paulo: Global, 1982.
A razão da chama: antologia de poetas negros brasileiros (Org. Oswaldo de Camargo). São Paulo: GRD, 1986.
O Negro Escrito: apontamentos sobre a presença do negro na literatura brasileira (Org. Oswaldo de Camargo). São Paulo: Secretaria de Estado da Cultura; IMESP, 1987.
Schwarze poesie – Poesia negra (Org. Moema Parente Augel). St.Gallen; Köln: Diá, 1988.

Schwarze prosa – Prosa negra (Org. Moema Parente Augel). St Gallen; Berlin; São Paulo: Diá, 1993.

Finally Us: contemporary black brazilian women writers. Colorado: Three Continent, 1995.

Moving beyond boundaries: international dimension of black women's writing. London: Pluto, 1995.

Calalloo: a journal of African-American and African arts and letters – Special issue: African Brazilian literature, Baltimore, v. 18, n. 4, Fall 1995.

Fourteen female voices from Brazil (Org. Elzbieta Szoka). Austin: Host, 2002.

Comentário crítico

O importante na poesia de Miriam Alves é que talvez seja uma das poucas poetas a conseguir conciliar a busca de duas dimensões de sua identidade: a identidade negra é buscada sem anular a dimensão da identidade feminina com a qual a autora também se preocupa. A decifração de si mesma passa pela indagação de seu papel na sociedade, ao mesmo tempo como negra e como mulher. O ser oprimido é aqui o negro, sendo a primeira a introduzir questões de gênero em sua poética. Assim, sua poesia deixa de enclausurar-se na construção de uma única dimensão identitária, introduzindo outros temas e ampliando, assim, o horizonte de recepção de sua obra. Revertendo o simbolismo tradicional do mundo ocidental, onde a noite é o espaço das trevas, do mal e da solidão, Miriam Alves transforma a noite em "festa de galos" onde devem ser cantadas "cantigas de acordar". Sua poesia, portanto, convoca à vigília e não ao sono, à fala e não ao silêncio, à conscientização e não à alienação. No bojo da noite, a poeta desvenda a virtualidade da esperança, do renascimento, da resolução de si própria. Só a escuridão da noite permite que alcancemos as estrelas. (Z.B.)

Seleção de poemas

 Momentos de busca
In: Momentos de busca, 1983.

O vulto
nítido
refletido
escondido
me toma todas as manhãs
penetrando em mim como verdade
bebendo café preto
comendo pão sem manteiga
lavando o sonolento rosto
higienizando o corpo
com perfumes vulgares

O que procuro?
   o que oculto?
– todas as respostas?
   perguntas?
– todas as afirmações do não?
– todas as negações do sim?

O que encontro
escovando os dentes
limpando as unhas
usando os sanitários
com expressão idiotizada?

O que oculto
perdido no armário
cutucando lembranças
escarafunchando a vida?

Meu vulto e eu

Eu e meu vulto
inseparavelmente

juntos
nos encontramos
bem mais que mãos dadas
clareando a madrugada
com olhos estalados
    na insônia
encostados num lençol
cheirando limpeza
    de sabão em pó
torcidos na máquina de lavar.

 ## Insone ouço vozes
In: Estrelas no dedo, 1985.

Calor afogueia
os pensamentos de espera. Quando
embalo na cama da noite
insônia de séculos.

Ouço ruídos de tambores
sobressaltos alimentam
meus pés

Nos pensamentos da esperança
embalo na cama da noite
as dores do meu tempo

Ouço vozes
emanadas dos exércitos humanos
contidos.

Na cama da noite
movimento minhas mãos
embalo medos, espantando-me
diante do conhecido

Nos pensamentos de espera
solto minha rouca voz:
bala de chumbo

Nos pensamentos de esperanças
espreito, de olhos baços
arregalados na insônia de aguardar
a hora de entrar em ação.

 Pedaços de mulher
In: Estrelas no dedo, 1985.

Sou eu
que no leito abraço
mordisco seu corpo
com lascivo ardor

Sou eu
cansada inquieta
lanço-me a cama
mordo nos lábios
o gosto da ausência,
sou eu essa mulher

A noite
no eito das ruas procuro,
vejo-me agachada nas esquinas
chicoteada por uma ausência
Desfaleço
faço-me em pedaços

Mulher
sou eu esta mulher
rolando feito confete
na palma de sua mão

Mulher – retalhos
a carne das costas secando
no fundo do quintal
presa no estendal do seu esquecimento

Mulher – revolta
Agito-me contra os prendedores
que se seguram firme neste varal

Eu mulher
arranco a viseira da dor
enganosa.

Compor, decompor, recompor

In: Estrelas no dedo, 1985.

        Olho-me
espelhos
        Imagens
que não me contêm.
Decomponho-me
        apalpo-me
Perdem-se
        as palavras.
Volatilizo-me.
        Transpasso os armários
soltando sons abertos
   na boca
       fechada.
A emoção dos tempos
não registro
   no
       meu ouvir
desmancho-me nos espaços.
        Decomponho-me.
Recomponho-me
   sentada
      na
          sala
            de espera
falando com
      meus
          fantasmas.

 Mahin amanhã
In: *Cadernos negros: os melhores poemas*, 1998.

Ouve nos cantos a conspiração
vozes baixas sussurram frases precisas
escorre nos becos a lâmina das adagas
Multidão tropeça nas pedras
                    Revolta
há revoada de pássaros
            sussurro, sussurro:
"é amanhã, é amanhã.
           Mahin falou, é amanhã"
A cidade toda se prepara
        Malês
              bantus
                      geges
                              nagôs
vestes coloridas resguardam esperanças
                aguardam a luta
Arma-se a grande derrubada branca
a luta é tramada na língua dos Orixás
           "é aminhã, aminhã"
sussurram
        Malês
              bantus
                      geges
                              nagôs
"é aminhã, Luiza Mahin falô"

 Entoa
In: *Cadernos negros 31*, 2008.

Versos tambores
marimbas surdos caixas
Quissanje tange

chitatas lançam sílabas ao ar
vozes acompanham
refazem sons re-afinam palavras
     pautam pautam
     tempos vidas
Ciata, Zica, Vanda, Tereza, Neuma, Dita, Maria,
outras tantas
     sons e temperos
     africanizaram inventaram África cari-oca
...lembrando estórias faço versos...
ao som de berimbaus

Afro-brasileiras

In: Cadernos negros 31, 2008.

Mães, irmãs, esposas
anônimas mulheres guerreiras
força move pensamentos passos
gerações foram às ruas
lutas
sustento
dignidade
sonho melhor

avós, mães, tias
aves Marias
aves marinhas
silêncio e anonimato

Presença
voz de contínuas esperanças
banir pesadelos
da vida do País

Leda Maria Martins

Biografia

Leda Maria Martins nasceu na cidade do Rio de Janeiro em 25 de junho de 1955, porém desde menina vive em Minas Gerais. Formou-se em Letras na Universidade Federal de Minas Gerais, onde leciona até hoje. Fez mestrado na Indiana University, EUA, e doutorado na UFMG, estudando o Teatro Negro. Atualmente, é coordenadora do Programa de Pós-graduação em Estudos Literários da FALE – UFMG. Poeta e ensaísta, sua bibliografia inclui livros e capítulos publicados dentro e fora do Brasil. A autora dedica-se, também, a resgatar as tradições ritualísticas afro-brasileiras, transformando em escritos a linguagem oral transmitida há gerações. Leda ainda atua na área da dança e da música.

Bibliografia

Publicações:
Cantigas de amares. Belo Horizonte: Edição da Autora, 1983.
Os dias anônimos. Rio de Janeiro: Sette Letras, 1999.

Ensaios:
A interdição do discurso em Dutchman. In: *Revista de Estudos Germânicos*, v. 7, n. 4, 1986.
Identidade e ruptura no teatro negro. In: *Cadernos Candido Mendes – estudos afro-asiáticos*, Rio de Janeiro, n. 16, p. 112-117, mar. 1989.
O Moderno Teatro de Qorpo-Santo. Belo Horizonte: UFMG; Mariana: UFOP, 1991.
A cena em sombras. São Paulo: Perspectiva, 1995.
Afrografias da memória: O reinado do rosário no Jatobá. São Paulo/Belo Horizonte: Perspectiva/Mazza, 1997.
Narrativas orais fundadoras. In: SCHMIDT, Rita Terezinha. (Org.). Nações/narrações: Nossas estórias e histórias. Porto Alegre: ABEA, 1997.
Arabescos do corpo feminino. In: BEZERRA, Kátia; DUARTE, Constância Lima; DUARTE, Eduardo de Assis (Orgs.). *Gênero e representação na Literatura Brasileira.* Belo Horizonte: FALE – UFMG, 2002. (Coleção Mulher & LIteratura).
A fina lâmina da palavra. In: MUNANGA. Kabenguele (Org.). *A história do negro no Brasil.* Brasília: MINC/CNPq/Editora da UnB, 2004.
Performances of spiral time. In: GÁLVEZ, Alyshia (Org.). *Performing religion in the Americas: media, politics and devotional practices of the Twenty-first century.* Londres: Seagull Books, 2007.
Lavrar a Palavra: uma breve reflexão sobre a literatura afrodescendente. In: PEREIRA, Edimilson de Almeida (Org.). *Um tigre na floresta de signos: estudos sobre poesia e demandas sociais no Brasil.* Belo Horizonte: Mazza, 2010. (Coleção Seteletras)

Comentário crítico

A poesia de Leda Maria Martins traz consigo o resgate da memória, derivada da oralitura africana como, por exemplo, os rituais religiosos, como os congados mineiros. Com linguagem de grande clareza a autora elege temáticas como racismo, exclusão e desigualdade social, realizando, muitas vezes, um diálogo com o leitor, a fim de demonstrar como o negro é visto na atualidade. Ao contrário de alguns dos autores que abordam o mesmo tema, Leda busca o reconhecimento do negro na sociedade e compartilha suas dores, apontando caminhos possíveis para uma poética da relação, visando à harmonia entre brancos e negros. Por estar em contato direto com outras manifestações artísticas, como o teatro, a dança e a música, a autora inscreve em seus poemas elementos rítmicos e sonoros, dando uma dimensão de universalidade à sua obra. (E.C.S.)

Seleção de poemas

 ## Escriba
In: Os dias anônimos, 1999.

Quando te ignoram
O verso
A aura da cor
A expressão movente
E o silêncio sonoro
Tu, escrevente, dormes
Em trevas.

 ## Imago
In: Os dias anônimos, 1999.

És da cor da terra
e gemem em ti os estribilhos
das matas.
És maldita como os mitos
e dormes tensa
quase sem respirar
repirando mansinho
sem soçobrar
quase acordada.

 ## Mnemosine
In: Os dias anônimos, 1999.

Eu não vi quando amanheceu
e não ouvi o canto das lavandeiras
madrugada afora seguinte o rio.
– Eu não estava lá.

Eu não vi quando vergaram as árvores
e fecharam os dias
Nem quando recortaram as serras
de antenas elétricas eu vi.
Disseram-me
– Mas eu não estava lá.

A memória da minha ausência
lembra os anciãos nas veredas das noites
luarando cantigas serenas
fazendo sonhar as meninas quase moças.
Eu não ouvi os últimos acordes
e não presenciei os suspiros
da infanta já feita senhora.

Passam autos velozes pelos calendários
mas nem mesmo quando chegou o primeiro comboio
e que todos se pintaram de novo eu vi.
– Sequer me apresentei.

Eu não estive lá quando queimaram os mortos
e dançaram nas bordas do fogo.
Nem quando se abraçaram ébrios das vitórias
e nas miragens por vir
lavraram novos totens
e os celebram.

Os barcos soçobraram em labirintos tarde
e eu não estive no vento de nenhuma vela
no marulho de nenhuma vaga.

Eu e a ausência de mim.
Não ter estado nunca em parte alguma.
Não ter feito sequer um gesto de ficar
ou de partir.
Não estar simplesmente.
Assim como alguém que ouve bater à porta
uma, duas, infinitas vezes
mas não se mexe, não se levanta,
não faz barulho.

Esmeralda Ribeiro

Biografia

A jornalista Esmeralda Ribeiro nasceu em São Paulo no ano de 1958. É uma participante assídua de Seminários e Congressos, tanto no Brasil quanto no exterior, apresentando estudos sobre as escritoras afrodescendentes. Seu objetivo é o de incentivar o aumento da participação das mulheres negras na literatura. Esmeralda foi uma das poucas mulheres a tomar parte no I e II Encontro de Poetas e Ficcionistas Brasileiros, na década de 80. Desde então já defendia a inclusão de estudos sobre a cultura afro-brasileira no currículo escolar, buscando combater o preconceito, o racismo, e o "branqueamento". Atualmente é responsável pela direção do projeto Quilombhoje – juntamente com Márcio Barbosa – e pela coordenação da série *Cadernos negros*.

Bibliografia

Publicações:
Malungos e milongas. São Paulo: Edição da Autora, 1988.

Ensaios:
Literatura infanto-juvenil. In: QUILOMBHOJE (Org.) *Reflexões sobre a literatura afro-brasileira.* São Paulo: Conselho de Participação e Desenvolvimento da Comunidade Negra, 1985.

A Escritora negra e o seu ato de escrever participando. In: ALVES, Miriam; CUTI; XAVIER, Arnaldo (Org.). *Criação crioula, nu elefante branco.* Secretaria de Estado da Cultura, 1987.

SILVA, Ana Maria; CAVALLEIRO, Eliane dos Santos; QUILOMBHOJE (Org.). *Gostando mais de nós mesmos.* São Paulo: Gente, 1999.

A obra de Carolina Maria de Jesus. In: BEZERRA, Kátia; DUARTE, Constância Lima; DUARTE, Eduardo de Assis (Orgs.). *Gênero e representação na Literatura Brasileira.* Belo Horizonte: FALE – UFMG, 2002. (Coleção Mulher & LIteratura)

Participações:
Cadernos negros 5 (1982); 7-31 (1984-2008); os melhores contos (1998); os melhores poemas (1998).

Pau de sebo: antologia de poesia negra (Org. Julia Duboc). Brodowski: Projeto Memória da Cidade, 1988.

Ancestral House (Ed. Charles H. Rowell). Colorado: Westview Press, 1995.

Finally Us: contemporary black brazilian women writers. Colorado: Three Continent, 1995.

Moving beyond boundaries: international dimension of black women's writing. London: Pluto, 1995.

Calalloo: a journal of African-American and African arts and letters – Special issue: African Brazilian literature, Baltimore, v. 18, n. 4, Fall 1995.

Terras de palavras: contos. (Org. Fernanda Felisberto). Rio de Janeiro: Pallas/Afirma, 2004.

Comentário crítico

A poesia de Esmeralda Ribeiro é de profundo enraizamento identitário; a autora evidencia essa tendência ao se colocar como mulher negra oprimida pela sociedade. Em seu discurso poético não há, ainda, possibilidade de diálogo entre o negro e o branco, mas uma queixa contra a permanência de racismo e opressão na sociedade brasileira. Seus poemas são tristes e pessimistas e soam como brados de protesto e reivindicação. Dessa forma, não evidenciam a busca pela inclusão, mas, ao contrário, revelam as marcas de um distanciamento. Como outras autoras, Esmeralda busca o autoconhecimento e a reafirmação de uma identidade feminina e negra, defendendo a tese de que para escrever literatura negra é preciso ser negro, pois só assim pode penetrar nos sofrimentos e nas dores dessa etnia. A autora, a partir de uma postura crítica, enfatiza questões de afirmação identitária e de memória individual e coletiva. (E.C.S.)

Seleção de poemas

 E agora nossa guerreira
In: Cadernos negros 15, 1992.
À *tia Vanda Lopes dos Santos*

Quem
em sã rebeldia
tira a máscara esculpida na
ilusão de ser outro e
não ser ninguém

Quem
em sã consciência
joga fora o veneno guardado no
pote da vida, sem derramar uma
gota no copo da gente

Quem
inteira, completa
deixa a poção afrodisíaca
untar o céu dos lábios
sem medo de heresias

Agora mãinha
quem olha no olho da noite
à procura dos filhos
como as Mães da Praça de Maio

No apogeu da madrugada
os frutos do exemplo são verdes
na hora da solidão a gente te
aguarda no portão

Ninguém
vai pra Bahia
desfazer a nossa desunião
nem vai à roça cultivar
a nossa cor

E agora
Ekédi de Oxalá
quem enxuga o nosso rosto
quem ampara o nosso tombo
quem vem nos
        abraçar

 Dúvida

In: Cadernos negros: os melhores poemas, 1998.

Se a margarida flor
é branca de fato
qual a cor da Margarida
que varre o asfalto?

Enigma do amor
In: Cadernos negros 19, 1996.

Há uma ilha
há marfim
há tristes arquipélagos em mim.

Sou aquela atriz que ensaia
todos os dias
o mesmo caso de amor
vivido por um triz.

Dentro de mim
solidão vestida de Arlequim.

Sou aquela cheia de hematomas,
as que faz do corpo relva
com aroma de canela
pro seu nego dormir.

Dentro de mim
ilusões traçadas à nanquim.

Sou aquela mulher
tentando despertar belas adormecidas
mas, no íntimo, sou eu a princesa
em profunda letargia.

Dentro de mim
força guerreira vestida de cetim.

Sou aquela que à noite
esconde como camaleão
gotas de pérolas d'olho
na cálida paixão.

Dentro de mim
enfim mora
o enigma do amor.

Sou aquela que nenhum verbo traduz
diante da solidão e da dor
aquela que tem atitudes insanas
Esta sou eu, a eterna
          Maria Joana.

 Ensinamentos
In: Cadernos negros 31, 2008.

Ser invisível quando não se quer ser
é ser mágico nato.

Não se ensina, não se pratica, mas se aprende.
No primeiro dia de aula aprende-se
que é uma ciência exata.

O invisível exercita o ser "zero à esquerda"
o invisível não exercita a cidadania.
As aulas de emprego, casa e comida
são excluídas do currículo da vida.

Ser invisível quando não se quer ser
é ser um fantasma que não assusta ninguém.
Quando se é invisível sem querer
ninguém conta até dez
ninguém tapa ou fecha os olhos
a brincadeira agora é outra
os outros brincam de não nos ver.

Saiba que nos tornamos invisíveis
sem truques, sem mágicas.
Ser invisível é uma ciência exata.
Mas o invisível é visto no mundo financeiro
é visto para apanhar da polícia
é visto na época das eleições
é visto para acertar as contas com o Leão
para pagar prestações e mais prestações.

É tanto zero á esquerda que o invisível
na levada da vida soma-se
a outros tantos zeros à esquerda
para assim construir-se humano.

Jussara Santos

Biografia

Nascida em 12 de setembro de 1962 e natural de Belo Horizonte, Jussara Santos é Licenciada em Letras pela UFMG, tendo ainda obtido os títulos de Mestre e Doutor em Literaturas de Língua Portuguesa pela PUC-MG. Atualmente, é professora da rede pública em Belo Horizonte e pesquisadora da Fundação de Amparo à Pesquisa do Estado de Minas Gerais – FAPEMIG. Autora de diversos ensaios sobre questões referentes à cultura e à literatura afro-brasiliera, Jussara também publicou poemas e contos. Sua obra literária recebeu diversos prêmios, entre os mais importantes o 1º Prêmio BDMG Cultural de Literatura, na categoria poesia.

Bibliografia

Publicações:

De flores artificiais. Belo Horizonte: Sobá, 2002.
Com afagos e margaridas. Belo Horizonte: Quarto Setor Editorial, 2006.
Indira. Belo Horizonte: Nandyala, 2009.

Ensaios:

Literatura afro-brasileira: equívoco ou uma fratura da linguagem? In: *Cadernos de Pesquisa* - Núcleo de Assessoramento à Pesquisa/ NAPQ, Belo Horizonte, v. 3, mai. 1994.

Afrodicções: identidade e alteridade na construção poética de três escritores negros brasileiros. Dissertação (Mestrado em Literaturas de Língua Portuguesa) – Programa de Pós-graduação em Letras, Pontifícia Universidade Católica de Minas Gerais, Belo Horizonte. 1998.

O triunfo da morte ou o triunfo do tongue-in-cheek? In: *Cadernos CESPUC de pesquisa*, Belo Horizonte, v. 3, abr. 1998.

Falsa ode a um porco/povo burguês. In: *Cadernos CESPUC de pesquisa*, Belo Horizonte, v. 6, jun. 1999.

Samba de amores dispersos: pequenas melodias compostas por João Guimarães Rosa e Mia Couto. In: DUARTE, Lélia Parreira et al. *Veredas de Rosa.* Belo Horizonte: CESPUC – PUC-MG, 2000.

Uma tentativa de traçar pistas de vanguarda. In: FONSECA, Maria Nazareth Soares (Org.). *Brasil afro-brasileiro.* Belo Horizonte: Autêntica, 2000.

Intelectualidades negras ou outsiders no Brasil. Tese (Doutorado em Literaturas de Língua Portuguesa) – Programa de Pós-graduação em Letras, Pontifícia Universidade Católica de Minas Gerais, Belo Horizonte. 2003.

Palavra poética em transe/trânsito: manifestações pelos sete buracos da minha cabeça. In: ALEXANDRE, Marcos Antônio (Org.). Representações performáticas brasileiras: teorias, práticas e suas interfaces. Belo Horizonte : Mazza, 2007.

Participações:
Revista literária do corpo discente da UFMG, Belo Horizonte, n. 25, dez. 1993/jan. 1994.
Minas em mim (Prêmio BDMG Cultural de Literatura). Belo Horizonte: BDMG Cultural, 2005.

Comentário crítico

Jussara Santos faz parte do grupo de autores contemporâneos mineiros que abordam no discurso poético o resgate da memória da etnicidade negra, como Edimilson Pereira e Ricardo Aleixo. Põe em perspectiva passado e presente, utilizando como temáticas a ancestralidade negra em oposição ao preconceito e ao racismo da sociedade brasileira atual. Também, dialoga com o leitor, ao descrever histórias de família. No poema "Ao pé do ouvido" descreve sentir vontade de omitir os problemas de discriminação que presencia, mas não consegue ficar calada, usando a palavra como veículo para expressar esse sentimento. Em "Corpus I", a autora diz recusar o país onde nasceu por não se sentir incluída numa sociedade onde os negros sentem-se excluídos do mundo dos brancos. Assim, seus poemas evidenciam o preconceito como ideologia vigente ainda hoje no contexto social brasileiro. (E.C.S.)

Seleção de poemas

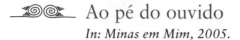 Ao pé do ouvido
In: Minas em Mim, 2005.

se pudesse silenciar-me
frente a acontecimentos
silenciaria
mas todos os dias melancolicamente aconteço.
se pudesse dizer diariamente
não a sentimentos
diria
mas todos os dias absurdamente amanheço.
digo não à cidade, deixo-a em paz
mas todos os dias revelo-me equívoco
diante de seus ecos.
"...não tires poesia das coisas
elide sujeito e objeto..."
grita Drummond,
mas todos os dias dramatizo,
invoco,
indago,
aborreço,
e minto,
minto muito
ouvinte no reino silencioso da palavra
que não me quer Surda.

 Desço Bahia
In: Minas em Mim, 2005.

desço Bahia
Susto
Eu frente ao pilão
A preta de mim
Mina(s)
Pedra e sabão
essa coisa de tanque
que é coisa de rio
 "Bate a ropa até maciá"
desço, não desço
paro de caminhar
macero meu corpo até meio-fio
sangro
remendo de roupa
desço subo bainhas
cirzo a primeira esquina.

 Salto do grão
In: Minas em Mim, 2005.

Salto do grão
Cisco
Um olho cego
Meio voo
Metade
Costas
Curvas doem
Menino que não desgruda
Ruda
Com o olho que ainda vê
Rios elevados montanhas
Sonho a curvatura da pedra.

Corpus I
In: Minas em Mim, 2005.

Lábio da lua
Lambuza lábio
Do lobo,
Todos os uivos (e
nenhum),
Cilada em cio
Seu meu seio.

O tísico coração do avô
Pulsa pó de minério de ferro
Presente de Minas
Minas de reis
Que não
Salomão

O tísico coração da avó
(Re) cria histórias
Com sobriedade de mestre Griot

Por aqui
Nessas luas e luandas
A preta mina(s) em mim
Recusa a pátria
Que não lhe pariu.

Mr. and Miss ouvem vitrola no jardim.

Ana Cruz

Biografia

A Jornalista Ana Cruz nasceu em Visconde do Rio Branco, estado de Minas Gerais, no ano de 1968. No início da adolescência mudou-se para Volta Redonda, e atualmente mora em Niterói, Rio de Janeiro. É uma das escritoras mais lidas no Brasil e nos países africanos de língua portuguesa. Estreou na literatura em 1997 com a obra *E... feito de luz*. No ano seguinte fundou o caderno literário *Jornal mural de mina*, com poesias de vários autores, além de críticas. Juntamente com seu trabalho no mundo das letras, Ana foi militante, durante alguns anos, e também fez assessoria a movimentos sociais.

Bibliografia

Publicações:
E... feito de luz. Niterói/RJ: Ykenga Editorial Ltda, 1997.
Com o perdão da palavra. Rio de Janeiro: Ed. da Autora, 1999.
Mulheres Q' Rezam. Rio de Janeiro: Ed. da Autora, 2001.
Guardados da memória. Niterói: Ed. da Autora, 2008.

Participações:
Jornal mural de mina. Niterói/RJ: Coord. e ed. da Autora, nº 1,
nov./dez. de 1998.
Jornal mural de mina. Niterói/RJ: Coord. e ed. da Autora, nº 2,
junho de 2003.

Comentário crítico

Ana Cruz é representante da vertente mais contemporânea da literatura afro-brasileira, tendo começado a escrever no final da década de 1990. Em sua poesia demonstra o amor pela cultura e os costumes africanos através de sua história de vida, relatada em momentos de autoconhecimento, amor ao próximo e a si mesma. Sua linguagem, muitas vezes coloquial, nos permite entender seu objetivo ao declarar o desejo de que seus filhos tenham tanto orgulho de sua ancestralidade negra quanto ela, enfatizando a importância de preservar a memória nos dias de hoje. Outro traço marcante de sua escrita é a aparição de palavras que evidenciam uma personalidade sensível em sintonia com sua espiritualidade. Em seus poemas busca se reafirmar como negra, mas, acima de tudo, como mulher, dialogando com o leitor/a para que faça o mesmo, ou seja, para que dê o devido valor às mulheres na sociedade contemporânea que ainda mantém o caráter de desigualdade, verificando-se situações de discriminação com relação a gênero e etnia. (E.C.S.)

Seleção de poemas

 Cuidado, não vai esquecer a lição...
In: Mulheres Q'Rezam, 2001.

Nasci filha de seu Zé que muito pouco tinha de José
carpinteiro de Nazaré, a não ser
a determinação e o gosto pelo trabalho.
Seu Zé, conhecido popularmente como marido de
D. Margarida,
uma flor que descansa plena, em outra dimensão,
isso porque sempre foi justa nunca abusou da sua
autoridade.
Precavida, desde cedo nos ensinou a detestar a
escravidão,
por conta disso, nossa primeira lição de casa foi:
nunca sair de canelas russas e nem esconder cabelos
por debaixo dos panos
e ouvidos bem apurados.
Quilombola que se presa não ri à toa
não aceita provocação e olha firme
no fundo dos olhos daqueles que possuem
nariz arrebitado e andam sempre aprumados.
Já dizia meu avô!

 Apaziguados
In: Mulheres Q'Rezam, 2001.

Somos as marcas de um tempo
passado a limpo no limbo.
De fatos e acontecimentos
que somente se esclareceram
após nos consumirem por algumas horas
e que doeram tanto
para sair da carne.

 Retinta
In: Guardados da memória, 2008.

Mãe preta, bonita, sorriso longo, completo.
Nem parece que passou por tantas.
Deu um duro danado entre a roça e os bordados.
Virou ao avesso para não desbotar.
Dizia, não com soberba: não esfrego chão dessas Senhoras.
Essa gente coloniza.
Se a pessoa não tiver orgulho de ser assim Zulu
fica domesticada.
Sem opinião. Se autodeprecia, adoece.

 Linguaruda
In: Guardados da memória, 2008.

Eu sou uma preta, muito negra brilhante cintilante, faço verso com requinte para o deleite das pessoas que amam a vida e fazem das tripas coração, para prosseguir ampliando a estética do mundo que, sabe Deus ou "Olorum", pela perfeição de sua criação. Sou preta, muito negra, faço verso muito prosa. Por sermos assim retintos, somos tratados a ferro e fogo. Subvertemos a ordem social que vigora silenciosamente onde os pretos, quando chamados, é somente para concordar.

Senhora do Mundo
In: Guardados da memória, 2008.

Odília, mulher preta cintilante, grande com
proporcionalidade.
Possuidora de uma força descomunal.
Mulher de guerra e paz. Mais guerra, herança ancestral.
Amamentava o filho recém-nascido, silenciosa, despojada.
O leite grosso, descendo das mamas bronze, enormes.
E a expressão de quem há anos está naquela posição,
amamentando a humanidade. Prossegue comigo.

 ## Magníficas
In: Guardados da memória, 2008.

Clementinas, Carolinas, Elzas, Margaridas, Sebastianas,
mulheres cujas experiências doloridas não paralisaram a vida.
Sabiam que onde amalgamavam os códigos da existência
estavam impressas a coragem, altivez espiritual.
Mulheres ancestrais que, com a força de suas expressões,
derrubaram a clausura do opressor, abriam portas,
não detêm o domínio sobre os sentimentos.
Matriarcas negras.
Nossas Senhoras!

 Autorrespeito
In: Guardados da memória, 2008.

Quero meus filhos afirmando: sou descendente de africano,
com o mesmo orgulho que os descendentes de outros
continentes aqui muito bem instalados se identificam.
Desta maneira saberão sobrepor-se, se forem tomados
por maus elementos.
Sei que terão inteligência para não negligenciarem o fato.
Não serão acometidos pela fraqueza de aceitarem calados a
humilhação.
Nem tentarão esconder do meio social no qual
buscam ascensão que eles são discriminados
iguais aos demais pretos.

DUAS FACES DA BUSCA IDENTITÁRIA

Adão Ventura

Oubi Inaê Kibuko

Jamu Minka

Marcos Dias

Ronald Augusto

José Carlos Limeira

Carlos Machado

Éle Semog

Edimilson de Almeida Pereira

Anelito de Oliveira

Enraizamento/raiz única

A poética resultante dessa tendência alicerça-se na afirmação identitária a partir da recuperação de resíduos memoriais que podem unir a comunidade negra em sua luta contra preconceitos e até discriminações remanescentes na sociedade brasileira ainda hoje. Esse processo caracteriza-se, sobretudo, pelo exercício do dever de memória e pela impossibilidade de realizar o trabalho do luto dos sofrimentos do período escravista, buscando o enraizamento em uma memória compartilhada sobre a qual se assentará sua identidade.

O enraizamento caracteriza-se por apresentar no discurso o negro como ser oprimido, transparecendo uma consciência de resistência. Ao estudar o enraizamento, devemos levar em consideração o contexto histórico em que esse movimento se iniciou (finais da década de 70), quando revelava-se necessário que houvesse esse choque entre uma cultura branca dominante e uma cultura negra querendo se afirmar. Os autores assumiam, muitas vezes, um posicionamento militante em favor da conscientização do grupo. Ao longo das décadas seguintes, essa confrontação teve resultados, uma vez que o negro conquistou mais espaço na sociedade, obtendo ganhos significativos e abrindo-se o espaço para o diálogo entre as diferentes etnias. Se, por um lado, em determinados momentos da caminhada rumo à plena afirmação das subjetividades, essas ações afirmativas fazem-se necessárias, há o risco desse tipo de identidade construir-se sem levar em consideração as alteridades da nação brasileira, que se autoproclama mestiça – criando barreiras e cordões de isolamento.

Adão Ventura

Biografia

Adão Ventura Ferreira dos Reis nasceu em Santo Antônio do Itambé, um vilarejo humilde do município de Serro, Minas Gerais, em 1946. Diplomado em Direito pela Universidade Federal de Minas Gerais em 1971, dois anos depois seria convidado pela University of New Mexico para lecionar. Sua obra literária está contida em diversas antologias, entre elas *Os cem melhores poemas brasileiros do século*, de Ítalo Moriconi. Juntamente com Affonso Ávila e outros escritores, fundou o Suplemento Literário de Minas Gerais. Foi roteirista do filme *Chapada do norte*, de 1979, e presidiu a Fundação Palmares na década de 90. Adão Ventura faleceu, vítima de câncer, em junho de 2004, deixando vários escritos inéditos.

Bibliografia

Publicações:
Abrir-se de um abutre ou mesmo depois de deduzir dele o azul.
Belo Horizonte: Oficina, 1970.
As musculaturas do arco do triunfo. Belo Horizonte: Comunicação,
1976.
Jequitinhonha (poemas do vale). Belo Horizonte: Coordenadoria de
Cultura do Estado de Minas Gerais, 1980.
A cor da pele. Belo Horizonte: Ed. do Autor, 1980.
Pó-de-mico de macaco de circo. Belo Horizonte: Ed. do autor, 1985.
Textura afro. Belo Horizonte: Lê, 1992.
Costura de nuvens. Sabará: Dubolsinho, 2006.

Participações:
Modern Poetry in Translations 19-20. Iowa city: International
Writing Program – University of Iowa, 1973.
Antologia poética. Belo Horizonte: Interlivros, 1976.
Cem poemas brasileiros (Org. de Vladir Nader e Y. Fujyama). São
Paulo: Vertente, 1980.
Axé: antologia contemporânea da poesia negra brasileira (Org.
Paulo Colina). São Paulo: Global, 1982.
Momentos de Minas (Vários autores). São Paulo: Ática, 1984.
A razão da chama: antologia de poetas negros brasileiros (Org.
Oswaldo de Camargo). São Paulo: GRD, 1986.
Schwarze poesie – Poesia negra (Org. Moema Parente Augel). St.
Gallen; Köln: Diá, 1988.
Antologia da nova poesia brasileira (Org. Olga Savary). Rio de Ja-
neiro: Fundação Rio; RioArte, 1992.
Os cem melhores poemas brasileiros do século (Org. Ítalo Mori-
coni). Rio de Janeiro: Objetiva, 2001.
Antologia da poesia negra brasileira: o negro em versos (Org. SAN-
TOS, Luiz Carlos dos; GALAS, Maria; TAVARES, Ulisses). São
Paulo: Moderna, 2005.

Comentário crítico

O discurso poético de Adão Ventura é caracterizado por apresentar o negro como ser oprimido, transparecendo uma consciência de resistência, correspondendo ao dever de memória de lembrar o legado cultural africano. Assim, seus poemas evidenciam um comprometimento único com o negro, buscando enraizar-se na cultura afro-brasileira, garantia de legitimação do negro na sociedade brasileira. No início de sua carreira abordava temas como o resgate da cultura mineira e seu folclore e temas políticos e sociais, como a escravidão. Com o decorrer dos anos passou a escrever a respeito da ancestralidade e da religião africanas, bem como do racismo dos brancos em relação aos negros. Em consequência, há autores que definem sua obra como poesia-denúncia, pois Ventura realiza, em boa parte de seu discurso poético, crítica à sociedade escravocrata do passado e a persistência do preconceito no presente. Verifica-se uma impossibilidade de realização do trabalho do luto dos sofrimentos impostos à comunidade negra durante o período escravocrata, fato que torna sua poética homogênea, recusando-se a aceitar o caráter mestiço e/ou híbrido da cultura nacional. Com isso, o apelo de sua obra está limitado a comunidades específicas. (E.C.S.; P.C.J.; Z.B.)

Seleção de poemas

 ## Para um negro

In: Axé: antologia contemporânea da poesia negra brasileira, 1982.

para um negro
a cor da pele
é uma sombra
muitas vezes mais forte
que um soco.

para um negro
a cor da pele
é uma faca
        que atinge
muito mais em cheio
        o coração.

 ## Eu, pássaro preto

In: Axé: antologia contemporânea da poesia negra brasileira, 1982.

eu,
pássaro preto,
cicatrizo
queimaduras de ferro em brasa,
fecho corpo de escravo fugido
e
monto guarda
na porta dos quilombos.

Negro forro
In: Axé: antologia contemporânea da poesia negra brasileira, 1982.

minha carta de alforria
não me deu fazendas,
nem me deu dinheiro no banco,
nem bigodes retorcidos.

minha carta de alforria
costurou meus passos
aos corredores da noite
de minha pele.

Em negro
In: Schwarze poesie – Poesia negra, 1988.

em negro
teceram-me a pele.
enormes correntes
amarram-me ao tronco
de uma Nova África.

carrego comigo
a sombra de longos muros
tentando impedir
que cheguem ao final
dos caminhos.

mas o meu sangue
está cada vez mais forte
tão forte quanto as imensas pedras
que meus avós carregaram
para edificar os palácios dos reis.

A cor da pele

In: Schwarze poesie – Poesia negra, 1988.

a cor da pele
saqueada
e vendida.

a cor da pele
chicoteada
e cuspida.

a cor da pele
camuflada
e despida.

a cor da pele
vomitada
e engolida.

a cor da pele
esfolada
em banho-maria.

Oubi Inaê Kibuko

Biografia

Aparecido Tadeu dos Santos nasceu em São Paulo, no dia 26 de outubro de 1955. Recebeu o nome africano Oubi Inaê Kibuko na década de 80, assumindo-o desde então. Escritor e fotógrafo, trabalha como funcionário público e é militante ativo do movimento negro. Editor do site **cabeças falantes online**, atua como colaborador de organizações direcionadas ao âmbito sociocultural. Autodidata, começou rabiscando desenhos tirados de histórias em quadrinhos. Atualmente, é graduado em Publicidade pela Fundação Escola de Comércio Álvares Penteado. Mantém um *blog* dedicado à sua produção fotográfica, enquanto sua produção literária figurou em várias edições dos *Cadernos negros*, no site **recanto das letras** e em outras antologias. Reside em Cidade Tiradentes, São Paulo.

Bibliografia

Publicações:

Como se fosse pecado. São Paulo: Ed. do Autor, 1980.
Sobrevivência. São Paulo: Ed. do Autor, 1981.
Mergulho. São Paulo: Ed. do Autor, 1981.
Poemas para o meu amor. São Paulo: Ed. do Autor, 1984.
Canto à negra mulher amada. São Paulo: Ed. do Autor, 1986.

Ensaios:

1955-1978, 23 anos de inconsciência. In: QUILOMBHOJE (Org.) *Reflexões sobre a literatura afro-brasileira*. São Paulo: Conselho de Participação e Desenvolvimento da Comunidade Negra, 1985.
Cadernos Negros: um reduto de escritores quilombolas desafiando um país também literariamente racista. In: ALVES, Miriam; CUTI; XAVIER, Arnaldo (Org.). *Criação crioula, nu elefante branco*. Secretaria de Estado da Cultura, 1987.

Participações:

Cadernos negros 3-14 (1980-91); 16-17 (1993-94); 19 (1996); 25-26 (2002-03); 28-29 (2005-06); os melhores contos (1998); os melhores poemas (1998).
Semeando I: antologia cooperativa de novos escritores brasileiros. São Paulo: Ed. dos Autores, 1983.
Pau de sebo: antologia de poesia negra (Org. Julia Duboc). Brodowski: Projeto Memória da Cidade, 1988.
Projeto Arte na COHAB – literatura. São Paulo: SMC/COHAB-SP/ Prefeitura Municipal de São Paulo/SP, 1988.

Comentário crítico

A poesia de Oubi Inaê Kibuko tem como característica a linguagem cotidiana, de fácil compreensão. O autor aborda temas contemporâneos, em especial os problemas que os moradores das favelas e subúrbios enfrentam diariamente, demonstrando uma forte ligação com a linguagem do *rap*. Em sua obra, o poeta mantém o negro como ponto de referência, retratando as mazelas sociais e a discriminação racial a partir do ponto de vista do oprimido, tendo sido ele próprio vítima de preconceito. O poema "Resistir" estabelece um diálogo com o senhor de escravos – *bwana*, representando o branco –, como forma de afirmar que o espírito de resistência continua vivo, mantendo acesa a chama quilombola. Nota-se como achado poético a associação entre "resistência" e "existência", ou seja, *resistir* assegura o *reexistir* para as comunidades negras no Brasil. Em "Campo deserto", o autor ressalta a necessidade da união entre os filhos da África – deixando de lado a enunciação na primeira pessoa e fazendo um chamamento à sua comunidade para que haja a expressão do *nós* coletivo. O poeta, que participa do grupo Quilombhoje desde os primórdios, tem na temática da violência urbana – que atinge brancos e negros, sobretudo no espaço da favela – seu foco principal, denunciando as agruras sociais, como o uso de drogas, os problemas de saúde pública, e a falta de união entre os *malungos* – termo africano utilizado em referência aos companheiros de navio negreiro. A exemplo dos demais poetas que publicam nos *Cadernos Negros*, o poema ainda precisa estar "armado", servindo como arma para o enfrentamento dos males e das adversidades que atingem os negros brasileiros. (P.C.J.)

Seleção de poemas

 Resistir
In: *Cadernos negros 5, 1982.*

Seguir em frente
Enfrente seguir
Sem receio ou temor
RESISTIR, REXISTIR, REXISTIR!!!

Um dia vai dar
Vai ter que dar
Não importa quando
Nem o preço que vai custar

Derrubam uma árvore
Fica a semente
Que renasce e germina
Multiplicando seus frutos

Que lentamente
Vai sorrateiramente
Restituindo e dividindo
A colheita com todos!

Estamos vivos ainda bwana!!!

Campo deserto
In: Cadernos Negros 9, 1986.

Somos frutos da mesma terra
porém, estamos aqui há várias horas
calados
    separados
        distantes...

Talvez
tenhamos muito para conversar...
muito pra se conhecer...
muito pra se dar
        mutuamente...

Mas estamos aqui
parados
    calados
        separados
            distantes...

Cada um
compenetrado no seu EU
quando talvez
deveríamos desatar
as amarras do silêncio
e compartilhar
    um pouco
        de NÓS!

Retrato em claro-escuro
In: *Cadernos negros 19, 1996.*

"Seu status depende da tragédia de alguém"
Racionais MC's

Tempo de amor plastificado
o caos feito cão danado
perambula sem freios pela cidade
disseminando sua insanidade a cada segundo

Na bolsa de interesses o meio faz plásticas
em realidades poeticamente incorretas
governos masturbam reformas eletivas
dignidade se prostitui por quirelas
bola pandeiro vídeo desligam consciências
lâminas do progresso serram a vida do planeta

brancos negros mestiços
roubam mestiços negros brancos
desovadores fardados nos acossam ferozes
capitais deferimentos a clamores sem-terra
cobiça$ paralítica$ almejam muleta$ conjugai$

Guerra crack coca breja abastecem desesperos
salário atestado-de-miséria
vale-petisco nos pratos famintos
bilhetes pedintes circulam em todas as vias
farol vermelho aos camelôs que não pagam pedágio
lavras da palavra são açoitadas pela ironia

Saúde morre de espera nas filas da esperança
impunidades caminham risonhas pelas chacinas
balas imbecis cavam lápides inocentes
passageiros da morte embarcam taxistas
carências promissórias enriquecem salvadores

Na feira da subversão melaninas se desconhecem
malungos da rima urinam em minas de autoestima
trambicagens quilombolas sustentadas na confiança
fratricídio metralha laços reparativos
línguas levam baixa por não ficarem no bolso

Refém do pânico
a tranquilidade insegura se segura em rezas
preservativos silêncios abstinências grades
contra a violência gerada por várias matrizes.

Poema armado

In: Cadernos negros: os melhores poemas, 1998.

Que o poema venha cantando
      ao ritmo contagiante do batuque
      um canto quente de força,
      coragem, afeto, união

Que o poema venha carregado
      de amarguras, dores,
      mágoas, medos,
      feridas, fomes...

Que o poema venha armado
      e metralhe a sangue-frio
      palavras flamejantes de revoltas
      palavras prenhes de serras e punhais...

Que o poema venha alicerçado
      e traga em suas bases
      palavras tijolantes,
      pontos cimentantes,
      portas, chaves, tetos, muros

E construa solidamente
      uma fortaleza de fé
      naqueles que engordam
      o exército dos desesperados

Para que nenhuma fera
      não mais galgue escadas
      à custa de necessidades iludidas...

E nem mais se sustente
      com carne, suor e sangue
      dum povo emparedado e sugado
      nos engenhos da exploração!

Jamu Minka

Biografia

José Carlos de Andrade é natural de Varginha, Minas Gerais, e desde a adolescência mora em São Paulo. Jornalista formado pela Universidade de São Paulo, participou de projetos como o CECAN – Centro de Cultura e Arte Negra – e o Quilombhoje. Jamu Minka também integrou o grupo que publicou o primeiro número da série *Cadernos Negros*. Desde o tempo de colégio se interessou pela luta dos negros contra o racismo. Aproximou-se das ideias de movimentos como o *Black Power* e as guerras de libertação africanas, adquirindo uma consciência positiva de sua ancestralidade.

Bibliografia

Publicações:
Teclas de ébano. São Paulo: Ed. do Autor, 1986.

Ensaios:
Literatura e consciência. In: ALVES, Miriam; CUTI; XAVIER, Arnaldo (Org.). *Criação crioula, nu elefante branco.* Secretaria de Estado da Cultura, 1987.
Personagens negros, literatura branca. In *D. O. Leitura.* São Paulo: Imprensa Oficial do Estado, 1983.

Participações:
Cadernos negros 1 (1978); 3 (1980); 5 (1982); 7 (1984); 9 (1986); 11 (1988); 15 (1992); 17 (1994); 19 (1996); 23 (2000); 25 (2002); 27 (2004); 29 (2006); 31 (2008); os melhores poemas (1998).
O Negro Escrito: apontamentos sobre a presença do negro na literatura brasileira (Org. Oswaldo de Camargo). São Paulo: Secretaria de Estado da Cultura; IMESP, 1987.
Schwarze Poesie – Poesia negra (Org. Moema Parente Augel). St.Gallen; Köln: Diá, 1988.

Comentário crítico

Jamu Minka expressa em seus poemas a necessidade da afirmação de uma consciência negra. Problemas do cotidiano, desigualdades sociais e o racismo disfarçado são temáticas recorrentes em sua obra. A questão da identidade também se apresenta marcante, como no poema "Papel de preto", onde Jamu invoca o *eu* negro fazendo frente a um universo dominado pelos brancos. Assim como outros poetas, a temática do negro que renega suas raízes, que mente para si próprio, também se constitui em recorrência expressiva. "Racismo cordial/2" reflete sobre as causas dessa crise identitária. O resgate da memória quilombola aparece nos versos de "Raça & classe" e "Revolução", onde o poeta em um primeiro momento discursa, através do *nós*, sobre as chagas da exploração, e num segundo momento apresenta um *eu* que se afirma quilombista e revolucionário. Fica, portanto, evidente que a memória da rebeldia quilombola se faz presente ainda hoje no imaginário poético da maior parte dos autores que integram o grupo *Quilombhoje*, sugerindo a permanência – ou a necessidade urgente – de se manter viva essa chama de resistência. (P.C.J.)

Seleção de poemas

 ## Papel de preto
In: Cadernos negros 15, 1992.

Eu me pretendo inteiro
não papel carbono da branquice imposta
                na entrada, no meio, na saída
                sou traço
                letra, sílaba, verso
                vírgula, título e talento
                pingando pretume vivo
                no papel de branco
                dos livros-latifúndios do Brasil

 ## Racismo cordial/2
In: Cadernos negros 19, 1996.

A negromestiça que não se gosta
se gasta em ânsias
alisamentos
talvez na infância
só boneca branca

Negros que se negam
anestesia nos nervos
Brasil banal

Mestiço que se mente
disfarça a tez
desfaçatez com o escuro primordial.

Raça & classe

In: Cadernos negros: os melhores poemas, 1998.

Nossa pele teve maldição de raça
        e exploração de classe
          duas faces da mesma diáspora e desgraça

Nossa dor fez pacto antigo com todas as estradas do
mundo
        e cobre o corpo fechado e sem medo do sol

Nossa raça traz o selo dos sóis e luas dos séculos
        a pele é mapa de pesadelos oceânicos
        e orgulhosa moldura de cicatrizes quilombolas.

Escurecendo

In: Cadernos Negros 25, 2002.

Corre-corre de quase noite
o burrinho do metrô envolve tudo
e não impede sensual balé de dedos
na barbicha do namorado negro
a bela mulata esquece o dia
vira Oxum cheia de dengos

meus pensamentos fotografam um Brasil real
tão fora de nossas telas que parece filme
                from USA
sob peles pretas,
identidades e vidas se multiplicam
é nosso amor sendo guerrilha
contrariando ficções e mídias da dominação
              daqui
que vende a mistura conveniente aos negócios
              da brancura.

 Revolução
In: Cadernos negros 31, 2008.

Vivências escritas e na contramão do shownalismo
não ser é o que sobra pros inquilinos do beco
da sinuca de bico
é o capitalismo socializando o ostracismo
narrativas autênticas sem mídia
falta-nos a compostura do liso natural
ou o conformismo subornável do falso

Escrevo como quem esgrima com editor hostil
o que só permite o crespo sob controle
meu texto é conflito
assume-se quilombista
malvisto em antessala eurocentrista
e sem acesso à imprensa, microfone ou vídeo
publique-se nos muros
a revolução pixaim.

Marcos Dias

Biografia

Nascido em Belo Horizonte, em 24 de julho de 1959, Marcos Antônio Dias tem uma origem bastante humilde, tendo sido menino de rua. Descobriu a literatura por acaso, ao ler um ensaio sobre Gregório de Matos. Desde então, publicou textos em diversos jornais e revistas do País. Sua obra literária compõe a "Trilogia da indignação: negritude, brasilidade e universalidade". Em seus poemas, Marcos Dias fala sobre a questão da negritude no Brasil e nos países africanos, e também de problemas inerentes à sociedade brasileira. Sua obra é um grito de revolta contra as injustiças.

Bibliografia

Publicações:
Rebelamentos (das absconsas Áfricas da minha diáspora). Belo Horizonte: Mazza, 1990.
País indig(o Blue)Nação. Belo Horizonte: Mazza, 1995.
Estudos sobre a cidade (& exercícios de sobrevivência). Belo Horizonte: Mazza, 1997.

Ensaios:
Um Escritor do Tamanho do Brasil. Resenha literária sobre os romances históricos de Assis Brasil. In: *Literatura - Revista do escritor brasileiro*, Ano VII - No. 17: Brasília, Códice, 1999.
Vinte e cinco anos sem Solano Trindade (com Pablo Pires.). *O Tempo*, Belo Horizonte, Ano 3, No. 847, 1999.
Vinte e cinco anos sem o poeta Solano Trindade. In: *Hoje Em Dia*, Belo Horizonte, 07 abr. 1999.
A poesia de Trindade num só volume. In: *Hoje Em Dia*, Belo Horizonte, 24 dez. 1999.
Antes, uma palavra. In: Pereira, Waldemar Euzébio. *Introdução a Achados*. Belo Horizonte, Mazza, 2004.

Participações:
Cadernos negros 21 (1998).
Folhetim de Poesias. Itabirito: Folhetim, 1987.
Maioria Falante, Rio de Janeiro, Ano IV - No. 21, 1990.
Coleção Temporada de Poesia, fascículo 7, Comissão BH 1000 Anos, Prefeitura de Belo horizonte, 1994.
Antologia do II Concurso Afonso Félix de Sousa, UBE/Goiás, 1994.
Planetaria Antologia di Letteratura Comtemporanea Multilingue (Org. Giovanni Campisi). Trento: Edizioni Universum, 1997.
Nozarte (Org. Ricardo Alfaya e Amelinha Alves), Ano 04, No. 08, Rio de Janeiro, Nov./1999.

Comentário crítico

Marcos Dias traz em sua poética uma busca de afirmação do sujeito enquanto negro. Sua literatura é rica em símbolos e diferentes representações gráficas, onde a interpretação passa, indispensavelmente, pela compreensão dessa forma de linguagem. Abordando questões históricas e sociais, o poeta traz à luz o flagelo da diáspora negra, em primeiro momento, e a necessidade de manter-se de pé, lutando contra a discriminação racial, em segundo. Como demonstrado no poema "Bio/grafia", Marcos Dias relaciona a dura vida marginalizada do negro com o passado de escravidão, e reforça a chama do espírito de resistência que nunca se apaga. Outra característica do autor é a referência – e reverência – a poetas do passado, figuras representativas para a história do negro e seus lugares de memória, numa demonstração prática do que ele próprio afirma: o poeta também é um "guerreiro quilombola", no sentido em que a escrita serve como instrumento de resistência e de libertação. (P.C.J.)

Seleção de poemas

 Dos lúcidos

In: *Rebelamentos (das absconsas Áfricas da minha diáspora), 1990.*

A lucidez quando embrenho
as absconsas Áfricas
da minha negritude   sabe-se

choro de filho roubado à mãe
antes mesmo de doer dos partos

A lucidez entrega-se
a seus embates
(porque enCORpa resistência)
e disto nunca se escusa

Em sanha quilombola faz-se
e a si mesma impõe
o caminho árduo do re-torno
(Revertério a dura
condição d i á s p o r a)

/A lucidez nunca se permitiu
vencida em que pese aos p-u-n-h-o-s
c/errados rounds da anversa vida/

E   em sua felicidade guerreira
cresce   seus ritmos   meus rumos
no caminhar   l o n g o
continuar dos meus antepassados

(Dos Quilombhoje)
In: Rebelamentos (das absconsas Áfricas da minha diáspora), 1990.
(à memória de Solano Trindade)

Re/descobriremos Palmares
e a sua sombra abrigaremo-nos todos

Os deserdados da $orte
Os exilados da "Bem Aventurança"
Mas aqueles   cujo patrimônio maior
é ainda
a felicidade guerreira do coração

Virão também os voluntariosos
Mas   estes haverão
de renegar   as
suas ordens
hoste e
veste
e se juntar aos oprimidos em luta

Então   o nosso grito será
CONTRA TODAS AS INJUSTIÇAS
E a nossa língua – universal
e única – a solidariedade

 Diário quilombola de lutas
In: Rebelamentos (das absconsas Áfricas da minha diáspora), 1990.
(ao Anderson)

Vieram no tropel da noite
(As fardas como os andrajos da Morte)
E
    sob o mato pseudojudicioso de uma
                            ordem

 ## Bio/grafia

In: Rebelamentos (das absconsas Áfricas da minha diáspora), 1990.

O Hoje das minhas Desgraças
tem a sua gênesis no Tráfico
Legando-me o Banzo e o podre das Senzalas

Sou fato   fruto   espetáculo
De um tempo cujo opróbrio
dos olhos ainda
                não se apagou
E se
com pena de ouro invencionaram-me suposto
                                        alívio
sobrou-me estigmas terríveis
E o meu Siso e este difícil
re/começar
           a partir do Nada
Porque o Crime e os seus dejetos
vestiram a casaca do Preconceito
E na eterna continuação dos seus feitos
outras sutilíssimas formas de degredo
(Senzalas, Favelas, Ghetos: de uma mesma
cadeia   i-n-t-e-r-l-i-g-a-d-o-s   elos)

Porém o meu canto é fortE   Pretenso
nos novos Quilombos que eu re/invento

Ronald Augusto

Biografia

Ronald Augusto nasceu em 4 de agosto de 1961, em Rio Grande, estado do Rio Grande do Sul. Escritor, músico, letrista e ensaísta, alcançou notoriedade com suas poesias no âmbito nacional e internacional. Possui obras traduzidas em diversos idiomas e participação em várias antologias de poemas. Artista ativo, participa de oficinas e palestras sobre variados assuntos. Mantém dois blogs, **poesia-pau** e **poesia coisa nenhuma**, e participa do grupo os poETs. É também, ao lado de Ronaldo Machado, coeditor da Editora Ébis.

Bibliografia

Publicações:

Negro 3 x negro (com Paulo Ricardo de Moraes e Jaime da Silva). Porto Alegre: [s.n.], 1982.

Homem ao rubro. Porto Alegre: Grupo Pró-texto, 1983.

Disco (com Ivan Hingo). Porto Alegre: Ed. dos Autores, 1986.

Puya. Porto Alegre: Biblos, 1992.

Vá de valha. Porto Alegre: Secretaria Municipal de Cultura, 1992.

Confissões aplicadas. Porto Alegre: Ameop, 2004.

No assoalho duro. Porto Alegre: Éblis, 2007.

Ensaios:

Apontamentos marginais a propósito da poesia de Cruz e Souza. In: *Porto & vírgula*. Porto Alegre: Secretaria Municipal da Cultura, no 38, Ano VI, nov. 1999.

Cruz e Souza: Make it New. In: *Morcego Cego - Revista de estudos sobre poesia*. Florianópolis, 1999, Ano II, no 2.

Transnegressão. In: *Cadernos Porto & vírgula*. Porto Alegre: Secretaria Municipal da cultura, 1995, v.11.

Poesia brasileira em Callaloo. In: *Porto & vírgula*. Porto Alegre: Secretaria Municipal da Cultura, 1998.

Participações:

Poesilha (Org. Jefferson Lima). Florianópolis: [s.n.], 1984.

A razão da chama: antologia de poetas negros brasileiros (Org. Oswaldo de Camargo). São Paulo: GRD, 1986.

O Negro Escrito: apontamentos sobre a presença do negro na literatura brasileira (Org. Oswaldo de Camargo). São Paulo: Secretaria de Estado da Cultura; IMESP, 1987.

Roda de poesia negra. Porto Alegre: Ed. dos Autores, 1993.

Calalloo: a journal of African-American and African arts and letters – Special issue: African Brazilian literature, Baltimore, v. 18, n. 4, Fall 1995.

Conversa com verso: antologia de poetas gaúchos (Org. Marô Barbieri e Cristina Dias). Porto Alegre: Mercado Aberto; IEL, 1995.

Vozes: poesia contemporânea canta Cruz e Sousa (Org. Iaponan Soares). Florianópolis: Museu/Arquivo da Poesia Manuscrita, 1998.
Paz: um voo possível (Org. Izabel Bellini Zielinsky et al.). Porto Alegre: AGE, 2004.
Antologia da poesia negra brasileira: o negro em versos (Org. Luiz Carlos dos Santos, Maria Galas e Ulisses Tavares). São Paulo: Moderna, 2005.
Brasil/África: como se o mar fosse mentira. (Org. Rita Chaves, Carmen Secco e Tania Macedo). São Paulo: UNESP; Luanda: Chá de Caxinde, 2006.

Comentário crítico

Ronald Augusto, em sua poesia, utiliza como principal recurso a linguagem metafórica; um exemplo disso é o poema "2", da obra *No assoalho duro* (2007). Nesse poema palavras como "tentáculos" e "braceletes" são metáforas que remetem ao aprisionamento, sugerindo a situação do escravo preso e acorrentado na senzala. Outro traço marcante em seu discurso poético é a presença da oralidade, o que torna, por vezes, hermética sua mensagem. Dessa forma, há autores que definem sua poesia como "experimental", devido à reinvenção recorrente de signos orais. O autor, ao comparar o negro e o branco na atualidade, trata o negro como o ser oprimido de uma sociedade racista; e relata acontecimentos de sua vida desde a infância até a idade adulta, descrevendo as transformações pessoais pelas quais passou. Além dessas características, Ronald trabalha a musicalidade na poesia, construindo um ritmo próprio e diversificado. Assim, ao unir a linguagem do cotidiano à recriação poética, realiza, em seu fazer poético, a catarse de suas experiências. (E.C.S.)

Seleção de poemas

 I

In: Homem ao rubro, 1983.

já tive de dono do
hemisfério de verdura
dos pássaros

bem no outro flanco do mar

deram sumiço na
minha boniteza
de guri negro

dói no umbigo
inimigo

tempo estampado
segurava pra vulcão
não derramar

bem no outro flanco do mar

mapa riscado de
bombardeiros
jacas lagoa esperta

dói no umbigo
inimigo

III
In: Homem ao rubro, 1983.

quando negro dá risada
é que nem uma cigarra soltando
o verão brasileiro

mas se aparece relâmpago
é que negro ficou
com raiva

e fez da vida dele
um poema puto da cara
uma cachoeira complicada

uma arma de ponta
um carecimento de
brincar no aroma dos tambores

2

In: *No assoalho duro*, 2007.

a folhagem estica um tentáculo
prateado para fora da janela
não é a de um prédio muito elevado
sempre reluzentes braceletes

no passeio embrulhada timbrística bulha
de metais diversos
os harmônicos da fala ameaçam feder
o espaço em dois (para divisar:
a água recebe raio de luz e permanece
unida)

o tempo deita um rio
à sua beira num sorvo só percebe-se
que a matéria sorvida espirala-se
ligeira no oco do tronco curva-se para
não ofender toma o desvio primeiro e o
seguinte
água do tempo
arrasta influente

8

In: No assoalho duro, 2007.

sonhei comigo sonho sob pórticos
de luz tropical claridade verde
que eu julgava ser espelho onde esta
face (agora inclinada sobre linhas
toscas de recordação puramente
imaginária) espelho onde esta face
pudesse mirar-se com minuciosa veracidade

sonho de vaidade vácua
que paraíso guardará a menor semelhança
que seja com a cara inexistente que
às vezes afivelo sobre a face para
melhor me desvelar?

Enraizamento dinâmico/relacional

O conceito criado por Michel Maffesoli de enraizamento dinâmico considera fundamental a afirmação da identidade, preconizando sua construção no respeito à diversidade e na abertura para a relação com o outro. Vários níveis de identidade podem ser contemplados simultaneamente: o sujeito negro é também brasileiro, profissional, que pertence a um gênero e desempenha um papel na sociedade que ele quer igualitária e solidária. Estaríamos aqui em condições de pensar o resgate memorial afro-brasileiro em termos de reatualização de memórias transatlânticas que, no entender de Paul Gilroy, "fazem surgir culturas planetárias mais fluidas e menos fixas" (2008, p. 15). Segundo o autor de O Atlântico negro: a aventura extranacional dos negros, que tem início com a diáspora africana, essa se caracteriza por "padrões de fluxo e mobilidade e pela criatividade intercultural" (cf 2008, p.15). Nesse sentido, a partir da leitura de Gilroy, chamamos de memórias transatlânticas aquelas que, ao cruzarem o meio fluido que é o mar, vão originar a "estrutura rizomórfica e fractal da formação transcultural e internacional a que chamo de Atlântico negro" (2008, p. 38).

Não seria somente a enunciação em primeira pessoa que caracterizaria uma poética negra. Talvez até mais importante do que essa característica é salientar a importância do trabalho de resgate da memória social e os efeitos da memória transatlântica, aspecto fundamental da literatura afrodescendente no Brasil atual.

José Carlos Limeira

Biografia

Nascido na cidade de Salvador, Bahia, em 1º de maio de 1951, José Carlos Limeira Marinho Santos é formado em Engenharia Mecânica, mas seu trabalho mais reconhecido é aquele feito no campo das letras. Desde a década de 70 escreve e publica contos, poemas, crônicas e artigos, tendo seus estudos citados em teses e dissertações de vários países. Militante do Movimento Negro, participou da direção de entidades como o IPCN – Instituto de Pesquisa das Culturas Negras –, fundou o bloco Afro Axé Terê Babá e o GENS – Grupo de Escritores Negros de Salvador. Seus poemas e contos figuram desde as primeiras edições dos *Cadernos negros*. José Carlos Limeira ainda participa de atividades comunitárias do povo negro, como blocos musicais e entidades religiosas.

Bibliografia

Publicações:
Zumbi... dos. Rio de Janeiro: Ed. do Autor, 1971.
Lembranças. Rio de Janeiro: Ed. do Autor, 1972.
O arco-íris negro (com Éle Semog). Rio de Janeiro: Ed. dos Autores, 1978.
Atabaques (com Éle Semog). Rio de Janeiro: Ed. dos Autores, 1983.
Negras intenções. Salvador. Ed. do Autor, 2003.

Ensaios:
Negro Brasileiro Negro - Revista do Patrimônio Histórico e Artístico Nacional 25.
Rio de Janeiro. Ed. IPHAN, 1997.
Sementes: cadernos de pesquisa v.2 n. 3 e 4. Salvador: UNEB, 2001
Agenda da Universidade do Estado da Bahia. Salvador: UNEB, 2000-2002.

Participações:
Cadernos negros: 3-4 (1980-81); 6-8 (1983-85); 23 (2000); 25 (2002); os melhores contos (1998).
Calalloo: a journal of African-American and African arts and letters, Baltimore, n. 8/10, fev./out. 1980.
Axé: antologia contemporânea da poesia negra brasileira (Org. Paulo Colina). São Paulo: Global, 1982.
IKA – Zeitschrift für Kulturaustausch und internationale Solidarität 25. Stuttgart. IKA , 1984.
A razão da chama: antologia de poetas negros brasileiros (Org. Oswaldo de Camargo). São Paulo: GRD, 1986.
O Negro Escrito: apontamentos sobre a presença do negro na literatura brasileira (Org. Oswaldo de Camargo). São Paulo: Secretaria de Estado da Cultura; IMESP, 1987.
Schwarze poesie – Poesia negra (Org. Moema Parente Augel). St.Gallen; Köln: Diá, 1988.
Schwarze prosa – Prosa negra (Org. Moema Parente Augel). St Gallen; Berlin; São Paulo: Diá, 1993.

Calalloo: a journal of African-American and African arts and letters – Special issue: African Brazilian literature, Baltimore, v. 18, n. 4, Fall 1995.

Quilombo de Palavras: a literatura dos afrodescendentes (Org. Jônatas Conceição e Lindinalva Barbosa). Salvador: Centro de Estudos Afro-Orientais – UFBA, 2000.

Comentário crítico

A poesia de José Carlos Limeira é caracterizada pela sutileza na descrição do cotidiano negro, valoriza a beleza e relata o drama do "ser negro", admirando sua história acima da memória individual e denunciando uma falsa inclusão social e racial. No livro *Atabaques* (1983), organizado em parceria com Éle Semog, aparece o debate sobre a demasiada importância dada à cor da pele até mesmo em sua carteira de identidade, como no poema "Identidade", no qual é enaltecida a expressão "ENE, É, GÊ, ERRE, Ô.", ou seja, N-E-G-R-O. Tal expressão deixa claro que um negro não deveria ter vergonha de sua cor nem de sua crença, pois ser negro é muito mais do que apenas ter pele "pardaescura" e "cabeloscarapinhados". Já em "Mais um negro", também publicado em *Atabaques*, Limeira demonstra sua revolta contra os brancos que tentam fazê-lo aderir a suas crenças e que consideram que os negros são todos iguais devido à cor. Insurge-se contra a ideologia da Democracia Racial, que mascara o preconceito ainda vigente na sociedade brasileira. No poema "Diariamente", expõe a simplicidade de seu cotidiano, repetindo a expressão "a mim me basta" para desvelar sua revolta contra todas as formas explícitas e veladas de discriminação. Também ressalta seu orgulho de ser negro, sem vestir uma máscara branca. Em "Detalhe relevante" denuncia o clichê "negro de alma branca" repetido no discurso social e que corresponde, em verdade, ao preconceito que ainda vige no Brasil até os dias de hoje. (E.C.S.; P.C.J.)

Seleção de poemas

 ### Identidade
In: Atabaques, 1983.

Houve um tempo em que
constava de sua carteira
o dado cor
na minha: pardaescuracabeloscarapinhados.

Diante de espelho, me pergunto
que faço com estes lábios grossos,
este nariz achatado?
Que faço com esta memória
de tantos grilhões,
destas crenças me lambendo as entranhas?

Será que não é demais ter o direito
de ser negro?
Causa espanto?
Pardaescura é o aspecto que vocês deram
à nossa história.

Morra de susto!
Sou, vou sempre ser: NEGRO!
ENE, É, GÊ, ERRE, Ô.
Aqui, Ô!

 ### Mais um negro
In: Atabaques, 1983.

Sou um negro,
mais um,
destes que não aceitam,
como adjetivo a alma branca.

Sou um negro,
mais um,
consciente da nossa história,
que não se ilude com os heróis
que me forçam a aceitar.

Sou um negro,
mais um,
destes que não usariam henê no cabelo,
por não querer cabelos lisos.

Sou um negro,
mais um,
meio louco,
meio torto
esperando muitos outros
para engrossar o cordão,
e horrorizar de espanto,
este engodo imbecil,
a tal convencionada,
Democracia Racial.

 Diariamente
In: Quilombo de palavras: a literatura dos afrodescendentes, 2000.

A mim me basta o espelho
a calça azul
o papel, o lápis
e essa coragem
de sair todos os dias de manhã
encontrar as mesmas pessoas
os mesmos sobressaltos
o relógio de ponto
o telefone
os documentos.

A mim basta
essa coragem teimosa
de engolir teimosia
de engolir o café das novembro de fumar o quinto cigarro
com a mesma determinação
de destruir
o que resta dos pulmões.

Me basta mesmo essa coragem quase suicida
de erguer a cabeça
e ser um negro
vinte e quatro horas por dia.

 ## Detalhe relevante
In: Quilombo de palavras: a literatura dos afrodescendentes, 2000.

Tinha um ar correto,
Uma postura coerente,
Combinava o terno e a gravata
Aspectos exteriores.

Revistaram-lhe a face,
Currículo geral,
Vida, fatos,
Quando repentinamente
Por descuido próprio,
Deixou que lhe percebessem
Um lado da mente.

Foi preterido.
Imperfeito por dentro,
Positivamente, concluíram depois,
ele não tinha alma branca.

Carlos Machado

Biografia

Baiano radicado em São Paulo, Carlos Machado nasceu em Muritiba no ano de 1951. Cursou Engenharia Mecânica na UFBA e formou-se em Jornalismo na Universidade Cásper Líbero. Trabalha na área de informática desde 1988, tendo escrito dois livros sobre tecnologia de computadores. Atualmente é editor sênior da revista *Info exame*. No campo da literatura, esteve perto de publicar seus poemas desde a década de 80, tendo lançado apenas um livro recentemente. Desde 2003, Machado edita o boletim **poesia.net**, distribuído por e-mail, e o *site* **ave, palavra!** que reúne a produção do boletim.

Bibliografia

Publicações:
Word 2000 e 97: segredos e soluções. Rio de Janeiro: Campus, 2000.
Descobrindo o Windows XP. Rio de Janeiro: Campus, 2001.
Pássaro de vidro. São Paulo: Hedra, 2006.

Participações:
Cacto: revista literária, Santo André, n. 3, dez. 2003.
Jandira: revista de literatura, Juiz de Fora, n. 2, 2005.
Máquina do mundo, Porto Alegre, v.1, n. 3, jun. 2005.

Comentário crítico

A poesia de Carlos Machado nos faz perceber os dois lados da vida, os dois lados da memória, uma vez que resgata elementos que podem estar – ou não – associados ao período da escravidão, como o ferro, o chicote e a dor. Sua poesia ganha em valor simbólico pela plurissignificância de alguns substantivos usados reiteradamente. Em "Açafrão" o poeta explicita essa possibilidade de variadas interpretações, no momento em que afirma "se me perguntarem por quê, vou jurar que não sei". Em trecho da orelha da obra *Pássaro de vidro* (2006), Donizete Galvão afirma que "o pássaro é o símbolo da leveza e representa a libertação do peso terrestre. Aqui, entretanto, trata-se de um pássaro de vidro, impossibilitado de voar, com a irônica finalidade de servir de sobrepeso". Isso reafirma a ambiguidade de sua poesia. (P.C.J.; Z.B.)

Seleção de poemas

 ## Maturi

In: Pássaro de vidro, 2006.
Para Isabel Maria Sampaio Oliveira

Até o prazer dói.

Dói como fruto
que desponta
na ponta do galho,
caju indeciso.

Esse fruto –
o que está para vir
– precisa de sol
minérios
e da roleta de
chuvas e brisas.

Precisa
do que não está
na língua
dos profetas para
se tornar o doce
caju sem travo,
a essência da fruta.

O amor dói.

Dói e requer
energia, confluência
de sóis, anzóis
atados ao cordão
da melancolia.
Anzóis que carecem

fisgar a essência
do outro.

E ser – apenas ser – dói.

Dói porque tudo
é incerto e impreciso.
Nenhuma certeza
tem rosto
de pedra.
Depois de sábado
quem garante
um infalível domingo?

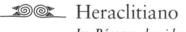 Heraclitiano
In: Pássaro de vidro, 2006.

na segunda chicotada
você já é outro

– não importa o lado
do chicote

 ## Açafrão
In: Pássaro de vidro, 2006.

um ou dois poemas
de sentido oculto
um galho seco
de açafrão
e a necessidade
de ficar
sóbrio sobre as cinzas

– eis todo o meu saber

se me perguntarem
– por quê?
vou jurar que não sei
não sou
desses que sabem

talvez um dia
eu tenha pensado
conhecer os
pontos cardeais
fases da lua e
frases da rua:
    mas o sol
é sábio e ensina
todos os dias
sua lição de incerteza

uma vez
no oco branco
da noite
pensei que
o amanhecer me
traria pássaros

fáceis
e obedientes
falhei –
o ferro quente do erro
o ferro fértil do erro

Éle Semog

Biografia

Éle Semog, pseudônimo de Luiz Carlos Amaral Gomes nasceu em Nova Iguaçu, Rio de Janeiro, em 7 de dezembro de 1952. Analista de Sistemas formado pela Pontifícia Universidade Católica do Rio de Janeiro, ingressou no mundo das letras e do movimento negro na década de 70. Já nessa época publica dois livros em parceria com José Carlos Limeira, além de obras próprias. Participou dos grupos Garra Suburbana e Bate-Boca, voltados para a poesia afrodescendente. Bastante ativo, fundou o grupo Negrícia – Poesia e Arte de Criolo, e coordenou o II e III Encontro de Poetas e Ficcionistas Negros Brasileiros e o setor de literatura do projeto 90 Anos de Abolição da Escravatura, com sede no Museu de Arte Moderna do Rio de Janeiro. Foi ainda presidente do CEAP – Centro de Articulação de Populações Marginalizadas –, assessor do Senador Abdias do Nascimento e conselheiro executivo do Instituto Palmares.

Bibliografia

Publicações:
Incidente normal. Rio de Janeiro: Grupo Garra Suburbana, 1977.
O arco-íris negro (com José Carlos Limeira). Rio de Janeiro: Ed.
dos Autores, 1978.
Atabaques (com José Carlos Limeira). Rio de Janeiro: Ed. dos
Autores, 1983.
Curetagem (poemas doloridos). Rio de Janeiro: Ed. do Autor, 1987.
A cor da demanda. Rio de Janeiro: Letra Capital, 1997.
Tudo que está solto. Rio de Janeiro: Letra Capital, 2010.

Ensaios:
A intervenção dos poetas e ficcionistas negros no processo de par-
ticipação política. In: ALVES, Miriam; CUTI; XAVIER, Arnaldo
(Org.). *Criação crioula, nu elefante branco.* São Paulo: Secretaria de
Estado da Cultura, 1987.
Abdias do Nascimento: o griot e as muralhas. (com Abdias do Nas-
cimento). Rio de Janeiro: Pallas, 2006.

Participações:
*Cadernos negros: 2 (1979); 4 (1981); 6-10 (1983-87); 12 (1989);
19-20 (1996-97); os melhores contos (1998).*
Incidente normal (grupo Garra Suburbana). Rio de Janeiro: Ed. dos
Autores, 1977.
Ebulição da escrivatura: treze poetas impossíveis. Rio de Janeiro:
Civilização Brasileira, 1978.
Cartões e posters de poesias (grupo Bate-Boca de Poesias). Rio de
Janeiro: Ed. dos Autores, 1980.
Axé: antologia contemporânea da poesia negra brasileira (Org.
Paulo Colina). São Paulo: Global, 1982.
Schwarze poesie – Poesia negra (Org. Moema Parente Augel). St.
Gallen; Köln: Diá, 1988.
Ad libitum Sammlung Zerstreuung 17. Berlin: Volk und Welt,
1990.

Schwarze prosa – Prosa negra (Org. Moema Parente Augel). St Gallen; Berlin; São Paulo: Diá, 1993.

Calalloo: a journal of African-American and African arts and letters – Special issue: African Brazilian literature, Baltimore, v. 18, n. 4, Fall 1995.

Comentário crítico

Éle Semog reflete em sua poesia o entusiasmo do ser negro, relembrando suas origens. Ainda que haja preconceito nos dias de hoje, o autor faz com que os afro-brasileiros tenham orgulho do passado de seus ancestrais, introduzindo elementos que transgridem os estereótipos raciais. No poema "Atabaques", homônimo do livro escrito em parceria com José Carlos Limeira, o autor faz um comunicado à comunidade negra, para que todos busquem seu lugar na sociedade, na qual os brancos ainda são privilegiados. Ressalta a importância de afirmar e exaltar o "ser negro", para que a comunidade afro-brasileira não venha a perder sua memória. Em "Dançando negro" há um desabafo, a partir de metáforas sobre a música africana, valorizada pelas elites brancas apenas pelo seu caráter exótico. Outrossim, faz menção à necessidade de igualdade social. Diferente disso, "Visto daqui o além-mar" reflete sobre a liberdade contida no "fazer arte". De forma abstrata, o poeta, mesmo estando afastado da África, regressa às suas origens a partir de sua obra. Em "Curiosidades negras", a natureza aparece como metáfora da sociedade, colocando o negro como um elemento necessário para que esta se complete. Dessa forma, negro e natureza voltam a ser um só, pois a força do negro vem da sua capacidade de valorizar e integrar-se aos elementos da natureza. Por fim, tem-se em "Nas calçadas da Lapa" um retrato da segregação racial no Brasil atual e da força que a comunidade negra necessita para sair da calçada e ocupar seu lugar na sociedade. Zumbi aparece no poema como modelo de força e resistência enquanto o eu poético irmana-se aos personagens. (E.C.S.; P.C.J.)

Seleção de poemas

 Atabaques
In: Atabaques, 1983.

A farsa e a miséria
São apenas modernas
Mas os grilhões são os mesmos
E devemos rompê-los agora.

Hoje os espaços devem ser ocupados
No peito e na raça
Com a raça dessa força
Sem esperar a boa vontade
De obreiros filantrópicos.

Nosso lugar é nas escolas técnicas
Nas faculdades... nos escritórios
Onde eles exigem "a priori"
Pessoas de boa aparência.

Nosso lugar é na fábrica
Como operário especializado
Nosso lugar é no candomblé,
Na macumba, nos sambas
Nos ministérios e nos postos
De comando das Forças Armadas.

Devemos ainda ter posições negras
Humanamente negras,
No senado, na Câmara
Fazendo voz alta à NAÇÃO

É hora de ouvir os atabaques
Que nos chamam à participação
Deixar o coração e a alma livres

À disposição desse novo canto
Desse nosso fazer...
É a obrigação de hoje, intransferível:
Romper as teias,
Tecer e conhecer caminhos
Chamar quantos queiram ajudar
Pois não temos tempo de separar...
E ser homem é principalmente
Comer a vida.

Precisamos, com certa urgência
Sair das cadeias, da prostituição
Temos que limpar as mãos
E apagar as mágoas sem esquecer
Que as marcas são inapagáveis.

Pecados rondam nossas cabeças:
A fome, a família à margem das coisas...
Precisamos ter acesso às verdades contemporâneas

Precisamos espalhar entre os negros
Todas as respostas disponíveis
A esses porquês que nos perturbam
Assolando, angustiando nossas vidas.

SER NEGRO
SER NEGRO
SER NEGRO

Atender ao chamado
Dessa verdade inevitável!

SER NEGRO
SER NEGRO
SER NEGRO

Não aceitar jamais
O paternalismo carrasco
Que faz o coitado e o
Condenado
Exigir, negros que somos,
Que não chamem nossas
Crianças de macaquinhos,
Que não nos olhem desconfiados
Como se fôssemos todos bandidos.

SER NEGRO
SER NEGRO
SER NEGRO

Ensinar, negros que somos
O confronto com as contradições
Quando nos falarem
Que a luta é mais ampla,
Alerta que no seio dessa desgraça
Sempre nos sobrou inverdades como:
"Deus ajuda a quem madruga" ou
Que "um dia a sorte chega"
Saber todos os perigos
Ouvir todos os gritos
Pois o negro dorme e acorda
Brigando com tudo, contando com tudo
Sobrevivendo no peito.

Devemos exigir e ajudar
Que esses atabaques
Acordem Palmares tão disfarçada
Por entre as façanhas do aconchego
Ridículo dessas falsidades.
Acabou-se esse negócio de admitir
Que nos vendem os olhos

Às sutilezas que impõem
Que fiquemos em nosso lugar
Ouçam os atabaques
É ZUMBI, zumbido que vem de dentro.

 ## Curiosidades negras
In: A cor da demanda, 1997.

Para que serve um homem
se ele não for sempre
um ontem e um amanhã.

Como pode um ser pensante
não ser terra, água, fogo
se ele é planta, ar, bicho,
pedra que fere e constrói
na trajetória do ferro
forma e ar, de toda a
força que lhe faz ser.

Impossível, pois se é negro
separar o bom do ruim
o longe do perto,
os olhos da visão.

A natureza é uma coisa só
sendo um mutirão.

Que sentido tem um ser
negro
se não for dessa perfeição.

Nas calçadas da Lapa

In: *A cor da demanda*, 1997.

Tem dias que olho
os negros espalhados
pelas calçadas da Lapa
(Sou eu? Sou eu?)
bêbados, fétidos,
os culhões vazando
pelas calças rasgadas...
(Ai de ti Zumbi! Ai de ti Zumbi!)
E ficam ali alheios de toda a guerra
e ficam ali alheios de toda a cor
com suas mulheres negras, amulatadas
amamentando filhos negros, amulatados,
com os olhos minguados assim,
e os seios sujos e flácidos
e a moeda, a caridade
o olhar sem dor sem fúria.
A cachaça, os restos de tudo.
(Sou eu! Sou eu!)

Tem dias que não consigo
levantar da calçada
para ir numa reunião
dessas entidades negras...
e nas vezes que vou,
não vou todo.
Metade de mim fica lá,
nas calçadas da Lapa.

Mas é nas entidades negras,
no movimento negro,
que sinto um sopro, uma fé, uma proteção.
Eles escrevem documentos e mais documentos
para os partidos,

para o presidente, até para o exterior.
Sinto que sou um elo
e é possível ser negro
só não consigo escapar das calçadas da Lapa.
Valei-me de ti Zumbi, valei-me.

 Visto daqui o além-mar
In: A cor da demanda, 1997.

Onde a vida guarda-se
núcleo
o verbo é mais contrito
o verso é mais escasso.

A palavra não é parte
e sendo toda,
firma-se no voo
de ser arte.

Como é bom poetar
desde lá d'África.
Não há griot que esqueça!
Não há sorte que arrefeça!

Dançando negro
In: Cadernos negros: os melhores poemas, 1998.

Quando eu danço
atabaques excitados,
o meu corpo se esvaindo
em desejos de espaço,
a minha pele negra
dominando o cosmo,
envolvendo o infinito, o som
criando outros êxtases...
Não sou festa para os teus olhos
de branco diante de um show!
Quando eu danço há infusão dos elementos,
sou razão.
O meu corpo não é objeto,
sou revolução.

Edimilson de Almeida Pereira

Biografia

Poeta, professor, ensaísta e pesquisador da cultura afro-brasileira, Edimilson de Almeida Pereira nasceu em Juiz de Fora, Minas Gerais, em 18 de julho de 1963. Seu currículo inclui uma graduação em Letras e um Mestrado em Ciência da Religião pela Universidade Federal de Juiz de Fora, Mestrado em Literatura Portuguesa pela Universidade Federal do Rio de Janeiro, Doutorado em Comunicação e Cultura por um convênio UFRJ/UFJF e Pós-Doutorado em Literatura Comparada pela Universidade de Zurique, Suíça. Atualmente é professor da UFJF. Em 1983 o autor conheceu os integrantes do grupo Abre Alas/Revista D'Lira, e dois anos depois publicou seu primeiro livro, ao qual se somam hoje cerca de duas dezenas. Sua obra, teórica e crítica, devido à grande relevância, vem recebendo numerosas premiações. Edimilson também publica com regularidade textos no Brasil e no exterior.

Bibliografia

Publicações:
Dormundo. Juiz de Fora: D'Lira, 1985.
Livro de falas. Juiz de Fora: Ed. do Autor, 1987.
Árvore dos Arturos & outros poemas. Juiz de Fora: D'Lira, 1988.
Corpo imprevisto & margem dos nomes. Juiz de Fora: D'Lira, 1989.
Ô Lapassi & outros ritmos de ouvido. Belo Horizonte: UFMG, 1990.
Corpo vivido: reunião poética. Belo Horizonte: Mazza; Juiz de Fora: D'Lira, 1991.
O homem da orelha furada. Juiz de Fora: D'Lira, 1995.
Rebojo. Juiz de Fora: D'Lira, 1995.
Águas de Contendas. Curitiba: Secretaria de Estado da Cultura, 1998.
Cada bicho em seu canto. Juiz de Fora: D'Lira, 1998.
A roda do mundo (com Ricardo Aleixo). Belo Horizonte: Mazza, 1996.
Dançar o nome (com Iacyr Anderson Freitas e Fernando Fábio Fiorese Furtado). Juiz de Fora: Funalfa; UFJF, 2000.
O menino de caracóis na cabeça. Belo Horizonte: Santa Clara, 2001.
Zeosório blues: obra poética 1. Belo Horizonte: Mazza, 2002.
Lugares ares: obra poética 2. Belo Horizonte: Mazza, 2003.
Casa da palavra: obra poética 3. Belo Horizonte: Mazza, 2003.
As coisas arcas: obra poética 4. Belo Horizonte: Mazza, 2003.
O primeiro menino. Juiz de Fora: Franco, 2003.
Os comedores de palavras (com Rosa Margarida de Carvalho Rocha). Belo Horizonte: Mazza, 2004.
Os reizinhos de Congo. São Paulo: Paulinas, 2004. (Coleção Árvore Falante)
Signo cimarrón. Belo Horizonte: Mazza, 2005.
Histórias trazidas por um cavalo-marinho (com Denise Nascimento). São Paulo: Paulinas, 2005.
O Congado para crianças. Belo Horizonte: Mazza, 2006. (Coleção Olerê)
Rua Luanda. São Paulo: Paulinas, 2007.
Homeless. Belo Horizonte: Mazza, 2010.
Variaciones de un libro de sirenas. Belo Horizonte: Mazza, 2010.

Ensaios:

Assim se benze em Minas Gerais. Belo Horizonte: Mazza, 1989.

Arturos: olhos do Rosário (com Núbia Pereira M. Gomes). Belo Horizonte: Mazza, 1990.

Mundo encaixado: significação da cultura popular (com Núbia Pereira M. Gomes). Belo Horizonte: Mazza, 1992.

Do presépio à balança: representações sociais da vida religiosa (com Núbia Pereira M. Gomes). Belo Horizonte: Mazza, 1995.

Negras raízes mineiras: os Arturos (com Núbia Pereira M. Gomes). 2 ed. Belo Horizonte: Mazza, 2000.

Ardis da imagem: exclusão étnica e violência nos discursos da cultura brasileira (com Núbia Pereira M. Gomes). Belo Horizonte: Mazza; PUC-MG, 2001.

Flor do não esquecimento: cultura popular e processos de transformação. Belo Horizonte: Autêntica, 2002.

Outro Preto da Palavra: narrativa de preceito do Congado em Minas Gerais (com Núbia Pereira M. Gomes). Belo Horizonte: Mazza; PUC-MG, 2003.

Assim se benze em Minas Gerais: notas sobre a cura através da palavra (com Núbia Pereira M. Gomes). Belo Horizonte: Mazza, 2004.

Loas a Surundunga: subsídios sobre o Congado para estudantes do ensino médio e fundamental. Juiz de Fora: Franco, 2005.

Os tambores estão frios: herança cultural e sincretismo religioso no ritual de Candombe. Belo Horizonte: Mazza; Juiz de Fora: Funalfa, 2005.

Malungos na escola: questões sobre culturas afrodescendentes e educação. São Paulo: Paulinas, 2007.

Um tigre na floresta de signos: estudos sobre poesia e demandas sociais no Brasil (Org. Edimilson de Almeida Pereira). Belo Horizonte: Mazza, 2010. (Coleção Setefalas)

Participações:

Seis poetas afro-americanos (Org. Ricardo Aleixo). Belo Horizonte: Instituto Nacional da Tradição e Cultura Afro-brasileira; ICBEU; FAFI-BH, 1989.

Antologia da nova poesia brasileira (Org. Olga Savary). Rio de Janeiro: Fundação Rio; RioArte, 1992.

Calalloo: a journal of African-American and African arts and letters – Special issue: African Brazilian literature, Baltimore, v. 18, n. 4, Fall 1995.

A poesia mineira no século XX (Org. Assis Brasil). Rio de Janeiro: Imago, 1998.

Torre de Papel (Org. Maria José Somerlate Barbosa). Iowa City: University of Iowa, 1999, Vol. IX, no 2.

Baú de letras: antologia poética de Juiz de Fora (Org. José Alberto Pinho). Juiz de Fora: Funalfa, 2000.

Letras da cidade (Org. Leila Maria F. Barbosa e Maria Timponi P. Rodrigues). Juiz de Fora: Funalfa, 2002.

Companhia de poetas (Org. José Alberto Pinho Neves). Juiz de Fora: Funalfa, 2003.

Oiro de Minas: a nova poesia das Gerais (Org. Prisca Augustoni). Lisboa: Ardósia Associação Cultural, 2007.

Os dias do amor: um poema para cada dia do ano (Org. Inês Ramos). Parede: Ministério dos Livros, 2009.

Comentário crítico

Edimilson Pereira é poeta mineiro com prolífica produção poética, assinando textos poéticos, ensaísticos, críticos e jornalísticos. Assina alguns poemas em parceria com o conterrâneo Ricardo Aleixo e vários outros poetas. Com sua esposa Prisca Augustoni publica obras poéticas de grande originalidade em língua portuguesa e italiana. Em sua poética trava diálogo com diferentes alteridades, instaurando o que chamamos de enraizamento dinâmico e relacional. Aborda temática universal, realizando, no que tange à temática afro-brasileira, um trabalho de memória que lhe permite dialogar com a diversidade. Enquanto pesquisador, detém-se pormenorizadamente no estudo do culto aos Arturos, remanescentes das religiões afro na região de Minas Gerais, dos congados, revividos em poemas como "Missa Conga" e "Arturos". Também trata da realidade da sociedade como plural e heterogênea, respeitando a diversidade cultural brasileira. Em muitos de seus poemas Pereira defende que o importante na poesia afro-brasileira não é a cor do autor, mas a linguagem utilizada para expressar essa identidade. Sua poesia é inovadora, retratando os tempos passado e presente de forma única, demonstrando as mudanças ocorridas na sociedade. Com o passar do tempo, renova a linguagem e instaura elementos de poética de vanguarda, com preocupações filosóficas e transcendentais. (E.C.S.; P.C.J.; Z.B.)

Seleção de poemas

 ## Missa Conga
In: Seis poetas afro-americanos, 1989.

Para que deuses se reza
quando o corpo aprendeu
toda a linguagem do mundo?

Que orações se entoa
quando a alma se entregou
a todas as dores do mundo?

Onde se deitam os olhos
quando o altar dos antigos
se ocultou nas sombras?

Para que deuses se reza
quando as palavras se velam
para invocar seus nomes?

Que sacrifício se oferta
nos dias em que os antepassados
ainda se escondem?

Por que não entregar a vida
ao deus com olhos de pluma
que vive no fundo do tempo?

Família lugar
In: A roda do mundo, 1996.

Um rio não divide
duas margens.
O que se planta nos lados
é que o separa.

Aqui cemitério
lá capela de trindade.
Aqui os entregues
lá os escolhidos
em severa matemática.

Para um devoto
tudo é muitas coisas.
Uma ravina de águas
que envolve
vivos e mortos.

Por isso é direito
passar a um lado do rio
a capela
e o cemitério.

Em ambos se viaja
bem vestido e forro.
Em ambos espera
um domingo
de várias línguas.

Aqui no cemitério
homens multiplicam.
E o que fazem
está na oficina
do entendimento.

Essa é a margem
silenciosa do rio.
E mal permite
a ruga do tamboril.

Lá a capela
nave sem instrumentos.
Nela o que inspira
é a música os santos
no reinado.

Um negro do rosário
faz uma as outras coisas.
Na ravina do rio
lá e aqui são capela
e cemitério.

Estamos nós, os Bianos,
de enigma resolvido.
A lagoa onde somos
tem ideias de rio.

Aqui e lá são peças
dos olhos em movimento.
Como são na diferença
os mesmos Deus
e Zambiapungo.

Tempo presente
In: Águas de contendas, 1998.

Os negros de Serro
e Diamantina
estão conluiados.

Largaram as minas
por compromisso
também os roçados.

Há palavras
como silêncio
pelas esquinas.

Os ricos de soslaio
espiam das sacadas.
Dizem vem reforço

da guarda nacional.
Para fazer sem efeito
o que não morre de fato.

Esse levante de mito.

O segredo
anda como rio
escrito nas portas.

O que tenho lido
são grandes ideias
de quebrar até a rima.

Vão mudar o regime
pai da miséria.
Erguer a cabeça acima

da coroa sem nome.
Fazer novo direito
para direito de todos.

Vão iludir as lavras
ficar nos passeios
olhando a vida.

Vão dizer pudera
nosso sangue é nosso.
Os negros do Serro

e Diamantina
estão conluiados.
Que vocabulário

Deixaram para uso não à tirania
viva Rainha de Congo.

A santa seu rosário.

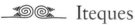 Iteques
In: Casa da palavra: obra poética 3, 2003.

O sentido das coisas se rebela entre a boca e os ouvidos. Vez por outra, a forma em que é possível roçá-lo pende do pescoço: no couro o animal em fuga, na madeira esculpida uma floresta. O sentido escorrega para as coisas que retemos e nos transformam em textos. Quem tropeça, altera uma frase, se cruza o sinal vermelho desespera os pais da história. Por decisão ou força habitamos alguma paisagem, até que as fronteiras se extingam, as cifras percam a valia. E reste o homem no centro da cave, sem favores, nem mais nem menos que a crispação das árvores.

 ## Arturos
In: Dançar o nome, 2000.

Viverei até quando
Os vassalos seguram o Congado
O tempo responde por todos.

Viverei até quando.
Peço aos meninos: não saiam
Guardem os ossos no canto.

Viverei até quando.
Deixo o siso na memória
O grito no chitacongo.
(De Árvore dos Arturos)

 ## Sílaba
In: Casa da palavra: obra poética 3, 2003.

Outra língua alicia o palato, não se quer instrumento de suicídio. Não pode ser engolida para selar o desejo. É para uso desobediente, sendo mais livre quanto mais nos pertence. A essa língua não se veda o devaneio, uma vez afiada a vida é tudo o que se queira. Não está na boca e nela se arvora. Testa o sentido, duvida de si mesma. Vai ao baile, está nua ao meio-dia. Não é língua do suplício nem do vexame, desenrola os signos e se pronuncia.

Capelinha
In: Casa da palavra: obra poética 3, 2003.

A Adão Pinheiro

Os negros estão chegando
com seus tambores: silêncio.
Os negros cantam velados.

Os Arturos estão chegando
com seus lenços azuis: silêncio.
Os negros têm nomes velados.

Os negros estão chegando
com seus padroeiros: silêncio.
Os negros têm nomes velados.

Os Arturos estão chegando
com seus santos: silêncio.
Os Arturos têm deuses velados.

Os negros Arturos com seus
tambores sagrados. Silêncio,
estão cantando calados.

Os negros Arturos com seus
terços de contas. Silêncio:
são mil negros guardados.

Anelito de Oliveira

Biografia

Anelito Pereira de Oliveira nasceu em Bocaiuva, Minas Gerais, em 1970. Possui Graduação em Letras e Mestrado em Literatura Brasileira pela Universidade Federal de Minas Gerais, e recentemente obteve o grau de Doutor em Literatura Brasileira na Universidade de São Paulo. Poeta e ensaísta, é criador do *Jornal "Não"* – publicação destinada à poesia e à crítica literária – e da editora Orobó, através da qual publica suas obras. Ex-editor do *Suplemento literário de Minas Gerais* de 1999 a 2003, atualmente Anelito é professor da Universidade Estadual de Montes Claros e coordena os projetos culturais Todas as Letras e Catibum, vinculados à Secretaria de Cultura e Educação de Montes Claros.

Bibliografia

Publicações:

Lama. Belo Horizonte: Orobó, 2000.

Três festas: a love song as Monk. Belo Horizonte: Orobó; Anome Livros, 2004.

Ensaios:

Peculiaridades de uma poesia. *Jornal "Não"*, Belo Horizonte, v. 03, p. 22-23, 1995.

A letra contra a língua. *Suplemento Literário de Minas Gerais*, Belo Horizonte, v. 01, p. 16-18, 1997.

Da senzala ao balcão: o verso negro no Brasil. *O Tempo*, Belo Horizonte, v. 01, p. 08-08, 1997.

Cruz e Sousa: a cena do poeta. *Suplemento Literário de Minas Gerais*, Belo Horizonte, p. 3-7, 1998.

A letra no muro. In: OLIVEIRA. Anelito Pereira de (Org.). *O defunto e a escrita: Machado de Assis segundo Brás Cubas*. Belo Horizonte: Orobó, 1999.

A resistência à cultura. In: CARDOSO, Flávio José (Org.). *Jornalismo cultural: cinco debates*. Florianópolis: Fundação Catarinense de Cultura, 2001.

O chão e o céu. In: NASCIMENTO, Milton Meira do (Org.). *Jornal de Resenhas*. São Paulo: Discurso editorial, 2001. v. 2.

Pobre Alphonsus!. In: NASCIMENTO, Milton Meira do (Org.). *Jornal de Resenhas*. São Paulo: Discurso editorial, 2002. v. 3.

Nascer, dobrar. In: AGUIAR, Melânia Silva de (Org.). *Fortuna crítica de Affonso Ávila*. Belo Horizonte: Secretaria de Estado de Cultura de Minas Gerais; Arquivo Público Mineiro, 2006.

Como essa ave noturna: Cruz e Sousa, intercessor de Poe. In: PARA SEMPRE POE, 2009, Belo Horizonte. *Anais*. Belo Horizonte : FALE – UFMG, 2009.

Experiência da barbárie: história, estética e existência em Cruz e Souza. In: DUARTE, Constância Lima; DUARTE, Eduardo de Assis; ALEXANDRE, Marcos Antônio (Org.). *Falas do outro*: literatura, gênero, etnicidade. Belo Horizonte: Nandyala, 2010.

Participações:
Na virada do século: poesia de invenção no Brasil (Org. Frederico Barbosa e Cláudio Daniel). São Paulo: Landy, 2001.
Poetas na biblioteca (Org. Reynaldo Damazio). São Paulo: Fundação Memorial da América Latina, 2001.
Fenda 16 poetas vivos (Org. Anelito de Oliveira). Belo Horizonte: Orobó, 2002.

Comentário crítico

O poeta e ensaísta mineiro Anelito de Oliveira apresenta um diferencial no trato das relações étnicas. Um tema presente em sua obra é o conflito entre o desejo consciente de escrever poesias sobre variados assuntos e seu subconsciente que emerge e domina sua escritura, inundando-a de expressões como enegrecer, escravo e carvão e das incontornáveis dicotomias negro/branco. É no poema "A mão", que Anelito revela ser impelido a escrever sobre negritude, mesmo que contra sua própria vontade, pois percebe-se que, como escritor, é escravo de sua origem e perde sua liberdade criativa. Através da influência do *jazz*, o autor aproxima sua poesia a uma composição musical, apresentando elementos e ritmos próprios do gênero. Dessa forma, sua obra é vanguardista, por possuir estruturas não convencionais e jogos de palavras em que é possível realizar leituras diferentes dos temas propostos. (E.C.S.; P.C.J.; Z.B.)

Seleção de poemas

 ## Meio-fio
In: Parque Feiete, Inédito (1994/1996).

Negros
Como bichos

Uns passam
E olham

Uns olham
E cospem

Uns sentem
E correm

Negros
Como lixos

 ## Brancura negra
In: Mais que o fogo, Inédito (1996/2003).

Estou branco
Muito mais branco
Profundamente mais branco
Mais
Muito mais
Amargamente mais branco
Que esta folha de papel tão branca sobre a mesa
A emitir incansavelmente seus brancos
E me lembrar que estou branco
Como a tristeza mais negra
Da sua brancura tão branca
Neste mundo
A esta hora da tarde
De mais nada

Além da pele
In: Sete figurações, Inédito (1998/1999).

quem
mais
(além da pele)
fala comigo perto de
você
você aquém do outro
e fora do todo
ouvido
eu osso de sons
sendo
no lixo a sós entre
escombros
sem
nem mesmo
nem nunca
o céu
esta carne rude e
incolor
esta coisa
quem
onde
quando até o corpo
é terra
pode vir
a ser
por trás da fumaça
do carvão
dentro do cru
contido
crítico
coração
?

A mão
In: A ocorrência, Inédito (2002/2003).

A mão que escreve é
A mesma, escrava,
Que apodrece, que
Me afaga, mas que
Também me esmaga,
Já não é uma mão,
Mas, sim, minha mãe,
Esta mão que escreve,
Escava e me enegrece.

A porta
In: A ocorrência, Inédito (2002/2003).

Bato na porta
De mim mesmo
Bato, urro
Esmurro o silêncio
Não estou em casa
Não tenho estado
Aqui, nem mesmo
Sei se ainda moro
Aqui, tampouco há
Quanto tempo saí,
Se é que saí

REFERÊNCIAS

ALEIXO, Ricardo (Org.). *Seis poetas afro-americanos*. Belo Horizonte: Instituto Nacional da Tradição e Cultura Afro-brasileira; ICBEU; FAFI-BH, 1989.
_____; PEREIRA, Edimilson de Almeida. *A roda do mundo*. Belo Horizonte: Mazza, 1996.

ALVES, Miriam. *Momentos de busca*. São Paulo: Ed. da Autora, 1983.
_____. Estrelas *no dedo*. São Paulo: Ed. da Autora, 1985.

ARISTÓTLES. A essência da tragédia. In: _____. *Poética*. Trad. Eudoro de Souza. Porto Alegre: Globo, 1966. p. 53-67.

AUGEL, Moema Parente (Org.). *Schwarze poesie – Poesia negra*. St. Gallen; Köln: Diá, 1988.

AUGUSTO, Ronald. *Homem ao rubro*. Porto Alegre: Grupo Pró-texto, 1983.
_____. *No assoalho duro*. Porto Alegre: Éblis, 2007.

BARBOSA, Lindinalva; CONCEIÇÃO, Jônatas (Org.). *Quilombo de palavras*: a literatura dos afrodescendentes. Salvador: Centro de Estudos Afro-Orientais – UFBA, 2000.

BARTHES, Roland. *Sobre Racine*. São Paulo: Martins Fontes, 2008.

BERND, Zilá. *Negritude e literatura na América Latina*. Porto Alegre: Mercado Aberto, 1987.
_____. *Introdução à literatura negra*. São Paulo: Brasiliense, 1988.

BRASIL. Lei n. 10.639, de 9 de janeiro de 2003. Altera a Lei n. 9.394, de 20 de dezembro de 1996, que estabelece as diretrizes e bases da educação nacional, para incluir no currículo oficial da Rede de Ensino a obrigatoriedade da temática "História e Cultura Afro-Brasileira", e dá outras providências. *Diário Oficial [da] República Federativa do Brasil*, Brasília, 10 jan. 2003. Disponível em: <http://www.planalto.gov.br/ccivil_03/Leis/2003/L10.639.htm> Acesso em: 21 abr. 2010.

BRASIL. Mensagem nº 7, de 9 de janeiro de 2003. *Diário Oficial [da] República Federativa do Brasil*, Brasília, 10 jan. 2003. Disponível em: <http://www.jusbrasil.com. br/diarios/navegue/2003/Janeiro/10/DOU>. Acesso em: 3 mai. 2010.

CAMARGO, Oswaldo de. *Um homem tenta ser anjo*. São Paulo: Supertipo, 1959.
_____. *15 poemas negros*. São Paulo: Associação Cultural do Negro, 1961.
_____. *O estranho*. São Paulo: R. Kempf, 1984.
_____. 90 anos de esquecimento. *Jornal da tarde*, São Paulo, 27 jun. 1987.

COLINA, Paulo. *Plano de voo*. São Paulo: R. Kempf, 1984.
_____ (Org.). *Axé*: antologia contemporânea da poesia negra brasileira. São Paulo: Global, 1982.

CRUZ, Ana. *Mulheres q'rezam*. Rio de Janeiro: Ed. da Autora, 2001.
_____. *Guardados da memória*. Niterói: Ed. da Autora, 2008.

CRUZ E SOUZA, João da. *Poesias completas*. Rev. e Intr. Tasso da Silveira. São Paulo: Edições de Ouro, s. d.

CUTI. *Poemas da carapinha*. São Paulo: Ed. do Autor, 1978.
_____. *Batuque de tocaia*. São Paulo: Ed. do Autor, 1982.
_____. *Sanga*. Belo Horizonte: Mazza, 2002.
_____. *Negroesia*: antologia poética. Belo Horizonte: Mazza, 2007.
_____ (Org.). *Cadernos negros 5*. São Paulo: Ed. dos Autores, 1982.

DALCASTAGNE, Regina. Identidades negras no romance brasileiro. In: Ivete Walty; Maria Zilda F. Cury; Sandra Regina G. Almeida. (Org.). *Mobilidades culturais*: agentes e processos. Belo Horizonte: Veredas & Cenários, 2009. p. 99-123.

DIAS, Marcos. *Rebelamentos* (das absconsas Áfricas da minha diáspora). Belo Horizonte: Mazza, 1990.

DUARTE, Eduardo de Assis. Por um conceito de literatura afro-brasileira. *Terceira margem*, Rio de Janeiro, n. 23, p. 113-138, jul./dez. 2010.

EVARISTO, Conceição. *Poemas da recordação e outros movimentos*. Belo Horizonte: Nandyala, 2008.

FIGUEIREDO, Maria do Carmo Lanna; FONSECA, Maria Nazareth Soares. *Poéticas afro-brasileiras*. Belo Horizonte: Mazza; PUC-MG, 2002.

FONSECA, Maria Nazaret Soares (Org.). *Brasil afro-brasileiro*. 2. ed. Belo Horizonte: Autêntica, 2001.

FREITAS, Iacyr Anderson; FURTADO, Fernando Fábio Fiorese; PEREIRA, Edimílson de Almeida. *Dançar o nome*. Juiz de Fora: Funalfa; UFJF, 2000.

GAMA, LUÍS. *Trovas burlescas*. 3. ed. São Paulo: Bentley Jr., 1904.

GILROY, Paul. *O Atlântico negro*. Rio de Janeiro: 34; Universidade Cândido Mendes, 2008.

GODET, Rita Olivieri. Errância/migração/migrância. In: BERND, Zilá (Org.). *Dicionário das mobilidades culturais*: percursos americanos. Porto Alegre: Literalis, 2010. p. 189-210.

GUEDES, Lino. *O canto do cisne preto*. São Paulo: Áurea, 1927.
_____. *Negro preto cor da noite*. São Paulo: Coleção Hendi, 1932.

LIEBIG, Sueli Meira. *Dossiê black & branco*: literatura, racismo e opressão nos Estados Unidos e no Brasil. João Pessoa: Idéia, 2003.

LIMEIRA, José Carlos; SEMOG, Éle. *Atabaques*. Rio de Janeiro: Ed. dos Autores, 1983.

LOPES, Helena Theodoro; SIQUEIRA, José Jorge; NASCIMENTO, Maria Beatriz. *Negro e cultura no Brasil*. Rio de Janeiro: UNIBRADE : UNESCO, 1987.

LOPES NETO, João Simões. *Contos gauchescos* e *Lendas do sul*. São Paulo: Globo, 2001.

MACHADO, Carlos. *Pássaro de vidro*. São Paulo: Hedra, 2006.

MAFFESOLI, Michel. *Sobre o nomadismo*: vagabundagens pós-modernas. Rio de Janeiro: Reccord, 2001.

MARTINS, Leda Maria. *Os dias anônimos*. Rio de Janeiro: Sette Letras, 1999.

MONTELLO, Josué. *Os tambores de São Luís*. 5. ed. Rio de Janeiro: Nova Fronteira, 1985.

NASCIMENTO, Abdias do. *Axés do sangue e da esperança*: Orikis. Rio de Janeiro: Achiamé; RioArte, 1983.

OLIVEIRA, Eduardo de. *Banzo*. São Paulo: Obelisco, 1965.
_____. *Gestas líricas da negritude*. São Paulo: Obelisco, 1967.
_____. *Túnica de ébano*. São Paulo: Tribuna Piracicabana, 1980.

PEREIRA, Edilene Machado. Marias que venceram na vida: uma análise da ascensão da mulher negra via escolarização em Salvador, BA. *África e africanidades*, Rio de Janeiro, v. 2, n. 8, fev. 2010.

PEREIRA, Edimilson de Almeida. *Águas de contendas*. Curitiba: Secretaria de Estado da Cultura, 1998.
_____. *Casa da palavra*: obra poética 3. Belo Horizonte: Mazza, 2003.
_____. Negociação e conflito na construção das poéticas brasileiras contemporâneas. In: _____ (Org.). *Um tigre na floresta de signos*: estudos sobre poesia e demandas sociais no Brasil. Belo Horizonte : Mazza, 2010. p. 15-40. (Coleção Setefalas)

PRÊMIO BDMG Cultural de Literatura. *Minas em mim*. Belo Horizonte: BDMG Cultural, 2005.

PROENÇA FILHO, Domício. *Dionísio esfacelado*: quilombo dos Palmares. Rio de Janeiro: Achamé, 1984.

ROMERO, Sílvio. *História da literatura brasileira*. Rio de Janeiro: José Olympio, 1973.

QUILOMBHOJE (Org.). *Cadernos negros 9*. São Paulo: Ed. dos Autores, 1986.

_____. *Cadernos negros 15*. São Paulo: Ed. dos Autores, 1992.
_____. *Cadernos negros 19*. São Paulo: Quilombhoje; Anita, 1996.
_____. *Cadernos negros*: os melhores poemas. São Paulo: Quilombhoje, 1998.
_____. *Cadernos negros 31*. São Paulo: Quilombhoje, 2008.

SEMOG, Éle. *A cor da demanda*. Rio de Janeiro: Letra Capital, 1997.

SILVEIRA, Oliveira. *Banzo, saudade negra*. Porto Alegre: Ed. do Autor, 1970.
_____. *Décima do negro peão*. Porto Alegre: Ed. do Autor, 1974.
_____. *Pelo escuro*. Porto Alegre: Ed. do Autor, 1977.
_____. *Roteiro dos tantãs*. Porto Alegre: Ed. do Autor, 1981.
_____. *Poemas*: antologia. Org. Nayara Rodrigues Silveira. Porto Alegre: Dos Vinte, 2009.

SOUZA, Licia Soares de. (org.). *Dicionário de personagens afro-brasileiros*. Salvador: Quarteto, 2009.

TRINDADE, Solano. *Cantares ao meu povo*. São Paulo: Fulgor, 1961.
_____. *Poemas antológicos de Solano Trindade*. Org. Zenir Campos dos Reis. São Paulo: Nova Alexandria, 2008.

Bibliografia complementar

Poesia

ALEIXO, RICARDO. *Festim*. Belo Horizonte: Oriki, 1992.
_____. *Trívio*. Belo Horizonte: Scriptum Livros, 2001.

AUGUSTONI, Prisca. *Inventario di voci*. Belo Horizonte: Mazza, 2001.

BARBOSA, Domingos Caldas. *Viola de Lereno*. Rio de Janeiro: Imprensa Nacional, 1944.

BARBOSA, Márcio et. al. *Semeando poesia 1*: antologia cooperativa de novos escritores brasileiros: São Paulo: Ed. dos Autores, 1983.

BÉLSIVA. *Lamentos, só lamentos*. São Paulo: Ed. do Autor, 1973.

BOPP, Raul. *Cobra Norato e outros poemas*. Rio de Janeiro: Civilização Brasileira, 1973.

CARVALHO, Jeovah de. Balada do caminheiro da Mangerona de legbá mais a hidra feiticeira entre África e Bahia. *Exu*, Salvador, n. 18, p. 4-5, dez. 1990.

CONCEIÇÃO, Jônatas. *Miragem de engenho*. Salvador: Instituto de Radiofusão Educativa da Bahia, 1984.

_____. *Outras miragens*. São Paulo: Confraria do Livro, 1989.

CUTI (Org.). *Cadernos negros 1*. São Paulo: Ed. dos Autores, 1978.
_____. *Cadernos negros 3*. São Paulo: Ed. dos Autores, 1980.

FERNANDES, Marcílio Nascimento. *Devaneios e sátiras*. São Paulo: Pannartz, 1982.

FERREIRA, Abilio. *Fogo do olhar*. Belo Horizonte: Mazza; São Paulo: Quilombhoje, 1989.

GOMES, Antonio Carlos; THEODORO, Gerson M. *Palmares em quadrinhos*. São Paulo: Roswitha Kempf, [198-].

GUIMARÃES, Geni Mariano. *Da dor o afeto, da pedra o protesto*. Barra Bonita: Ed. da Autora, 1981.
_____. *Leite do peito*. São Paulo: Fundação Nestlé de Cultura, 1988.
_____. *A cor da ternura*. São Paulo: FTD, 1989.

HELENA, Regina; ALBERTO, José. *14 de maio*. São Paulo: Ed. dos Autores, 1980.

HIRATA, Isabel. *Cicatrizes*. São Paulo: Massao Ohno, 1982.

ILÊ AIYÊ. *Canto negro*: Daomé. Salvador, [s. n.], 1985.
_____. *América negra*: o sonho africano. Salvador, [s. n.], 1993.

IVO, Ismael; WILMS, Anno. *Körper und tanz*. St. Gallen; Berlin; São Paulo: Diá, 1990.

JESUS, Carolina Maria de. *Antologia pessoal*. Org. José Carlos Sebe Bom Meihy. Rio de Janeiro: UFRJ, 1996.

LIMA, Jorge de. *Poesia completa*. 2. ed. Rio de Janeiro: Nova Fronteira, 1980.

LOPES, Ney. *Casos crioulos*. Rio de Janeiro: CCM, 1987. (Coleção Voz do Brasil)

NASCIMENTO, Fernandes Marcílio. *Devaneios e sátiras*. São Paulo. Panaritz, 1982.

NAVAL, Paulo; MORAES, Paulo Ricardo de. *O garçom e o cliente*: no balcão do Naval. Porto Alegre: Ponto Negro Brasileiro, 1999.

OGUIAM, Edu Omo. *Utopia?*. Salvador: Ed. do Autor, 1984.
_____ (Org.). *Capoeirando*. Salvador: Centro de Estudos Afro-Orientais – UFBA, 1982. (Série Arte/Literatura)

PAULA, Wilson Jorge de. *Versos brancos, negra poesia*. [S.l.]: Ed. do Autor, 1972.

PEREIRA, Lúcia Regina Brito (Org.) *Concurso personalidades negras do Rio Grande do Sul*. Porto Alegre: Maria Mulher, 2006.

PEREIRA, Waldemar Euzébio. *Do cinza ao negro*. Belo Horizonte: Mazza, 1993.

QUILOMBHOJE (Org.). *Cadernos negros 7*. São Paulo: Ed. dos Autores, 1984.
_____. *Cadernos negros 11*. São Paulo: Ed. dos Autores, 1988.
_____. *Cadernos negros 13*. São Paulo: Ed. dos Autores, 1990.
_____. *Cadernos negros 17*. São Paulo: Quilombhoje; Anita, 1994.
_____. *Cadernos negros 21*. São Paulo: Quilombhoje, 1998.
_____. *Cadernos negros 23*. São Paulo: Quilombhoje, 2000.
_____. *Cadernos negros 25*. São Paulo: Quilombhoje, 2002.
_____. *Cadernos negros 27*. São Paulo: Quilombhoje, 2004.
_____. *Cadernos negros 29*. São Paulo: Quilombhoje, 2006.

SANTOS, Francisco de Assis dos. *A morte de Deus*. Belo Horizonte: Imprensa Oficial, 1986.

SANTOS, Luiz de Melo. *Variações em preto e branco*. Londrina: Ed. do Autor, 1988.
_____. *A porta da frente*. Londrina: Ed. do Autor, 1989.
_____. *Negro*. Londrina: Ed. do Autor, 1990.

SILVA, Hermógenes Almeida. *Reggae-ijexá*. Ed. do Autor, 1984.

TORRES, Wagner. *Quando a madrugada se despe em poesia*. Belo Horizonte: Arte Quintal, 1987.

VIEIRA, Antônio. *Cantares d'África – Songs of Africa*. Rio de Janeiro: Riex, 1980.

VIEIRA, Hamilton de Jesus. *Poetas baianos da negritude*. Salvador: Centro de Estudos Afro-Orientais – UFBA, 1982. (Série Arte/Literatura)

XAVIER, Arnaldo. *A roza da recvsa*. São Paulo: Pindaíba, 1982.

Prosa

CUTI (Org.). *Cadernos negros 2*. São Paulo: Ed. dos Autores, 1979.
_____. *Cadernos negros 4*. São Paulo: Ed. dos Autores, 1981.

ELLISON, Ralph. *O homem invisível*. São Paulo: Marco Zero, 1990.

GONÇALVES, Ana Maria. *Um defeito de cor*. 5. ed. Rio de Janeiro: Record, 2009.

MACHADO DE ASSIS, José Maria. *Bons dias*. Disponível em: < http://www.dominiopublico.gov.br/download/texto/bv000167.pdf>

MAESTRI, Mario. *Carcaça de negro*. Porto Alegre: Tchê, 1988.

NICOLELIS, Giselda Laporta. *O sol da liberdade*. 23. ed. São Paulo: Atual, 2004.

QUILOMBHOJE (Org.). *Cadernos negros 6*. São Paulo: Ed. dos Autores, 1983.
_____. *Cadernos negros 8*. São Paulo: Ed. dos Autores, 1985.
_____. *Cadernos negros 10*. São Paulo: Ed. dos Autores, 1987.
_____. *Cadernos negros 12*. São Paulo: Ed. dos Autores, 1989.
_____. *Cadernos negros 14*. São Paulo: Ed. dos Autores, 1991.
_____. *Cadernos negros 16*. São Paulo: Ed. dos Autores, 1993.
_____. *Cadernos negros 18*. São Paulo: Quilombhoje; Anita, 1995.
_____. *Cadernos negros 20*. São Paulo: Quilombhoje; Anita, 1997.
_____. *Cadernos negros*: os melhores contos. São Paulo: Quilombhoje, 1998.
_____. *Cadernos negros 22*. São Paulo: Quilombhoje, 1999.
_____. *Cadernos negros 24*. São Paulo: Quilombhoje, 2001.
_____. *Cadernos negros 26*. São Paulo: Quilombhoje, 2003.
_____. *Cadernos negros 28*. São Paulo: Quilombhoje, 2005.
_____. *Cadernos negros 30*. São Paulo: Quilombhoje, 2007.
_____. *Cadernos negros 32*. São Paulo: Quilombhoje, 2009.

REIS, Maria Firmina dos. *Úrsula*. Florianópolis: Mulheres; 2004.

RODRIGUES, Eustáquio José. *Flor de sangue*. Belo Horizonte: Mazza, 1990.

Teoria

AFOLABI, Niyi; BARBOSA, Márcio; RIBEIRO, Esmeralda (Org.). *A mente afro-brasileira*: crítica literária e cultural afro-brasileira contemporânea – *The Afro-Brazilian mind*: contemporary afro-brazilian literary and cultural criticism. Trenton: Africa World Press, 2007.

ALVES, Uelinton Farias. *Reencontro com Cruz e Sousa*. Florianópolis: Papa-Livro, 1990.

ASSUMPÇÃO, Euzébio; MAESTRI, Mário (Coord.). *Nós, os afro-gaúchos*. Porto Alegre: UFRGS, 1996.

BAQUERO, Marcello et. al. *Diversidade étnica e identidade gaúcha*. Santa Cruz do Sul: UNISC, 1994. (Série Documentos)

BERND, Zilá. *O que é negritude*. São Paulo: Brasiliense, 1988. (Coleção Primeiros Passos).
_____. O povo brasileiro mostra sua cara: o negro e a construção do nacional em Viva o povo brasileiro. *Cadernos Candido Mendes – estudos afro-asiáticos*, Rio de Janeiro, n. 18, p. 93-102, mai. 1990.
_____. Negro: de personagem a autor. *Cadernos do IL*, Porto Alegre, n. 4, p. 25-28, dez. 1990.

_____; BAKOS, Margaret M. *O negro*: consciência e trabalho. Porto Alegre: UFRGS, 1991.

_____. *Racismo e antirracismo*. 5. ed. São Paulo: Moderna, 1997. (Coleção Polêmica)

_____. Literatura negra brasileira: racismo e defesa de direitos humanos. *Letras*: revista do Mestrado em Letras da UFSM – Literatura, violência e direitos humanos, Santa Maria, n. 16, jan./jun. 1998.

_____. Oliveira Silveira. In: ZILBERMAN, Regina; MOREIRA, Maria Eunice; ASSIS BRASIL, Luis Antônio de (Org.). *Pequeno dicionário da literatura do Rio Grande do Sul*. Porto Alegre: Novo Século, 1999. p. 137-138.

_____. Enraizamento e errância: duas faces da questão identitária. In: SCARPELLI, Marli Fantini; DUARTE, Eduardo de Assis. *Poéticas da diversidade*. Belo Horizonte: Pós-Lit – FALE – UFMG, 2002. p. 36-46.

_____. *Literatura e identidade nacional*. 2. ed. Porto Alegre: UFRGS, 2003.

_____. Longevidade e sabedoria afro-brasileiras na obra de João Ubaldo. In: BARBOSA, Maria José Somerlate (Org.). *Passo e compasso*: ritos do envelhecer. Porto Alegre: PUC-RS, 2003. p. 51-62. (Coleção Memória das Letras)

_____. Negro (Brasil). In: _____ (Org.). *Dicionário de figuras e mitos literários das Américas*. Porto Alegre: Tomo Editorial; UFRGS, 2007. p. 479-482.

_____. Literatura negra brasileira traduzindo a negritude. In: REBELLO, Lúcia Sá; SCHNEIDER, Liane (Org.). *Construções literárias e discursivas da modernidade*. Porto Alegre: Nova Prova, 2008. p. 85-94.

BIRMAN, Patrícia. Beleza negra. *Cadernos Candido Mendes – estudos afro-asiáticos*, Rio de Janeiro, n. 18, p. 5-12, mai. 1990.

BONNICI, Thomas. Racismo e multiculturalismo na literatura negra britânica. In: SILVA, Marciano Lopes e (Org.). *Linguagens em interação I*: literatura, história e sociedade. Maringá: Clichetec, 2009.

BROOKSHAW, David. *Raça & cor na literatura brasileira*. Trad. Marta Kirst. Porto Alegre: Mercado Aberto, 1983.

CAVALVCANTI, Maria Laura V. de Castro. *A temática racial no carnaval carioca*: algumas reflexões. Rio de Janeiro: Centro Interdisciplinar de Estudos Contemporâneos – UFRJ, 1989. (Série Papéis Avulsos)

CONFORTO, Marília. Da negação à mestiçagem. In: BERND, Zilá (Org.). *Escrituras híbridas*: estudos em literatura comparada interamericana. Porto Alegre: UFRGS, 1998. p. 69-80.

CORRÊA, Norton F. *O batuque do Rio Grande do Sul*: Antropologia de uma religião afro-rio-grandense. Porto Alegre: UFRGS, 1992.

COSER, Stella Maris. Cimarrón (contexto latino-americano). In: BERND, Zilá (Org.). *Dicionário de figuras e mitos literários das Américas*. Porto Alegre: Tomo Editorial; UFRGS, 2007. p. 109-113.

_____. Maroon (Caribe e EUA). In: BERND, Zilá (Org.). *Dicionário de figuras e mitos literários das Américas*. Porto Alegre: Tomo Editorial; UFRGS, 2007. p. 406-413.

_____. Marron (Caribe francófono). In: BERND, Zilá (Org.). *Dicionário de figuras e mitos literários das Américas*. Porto Alegre: Tomo Editorial; UFRGS, 2007. p. 414-420.

CUNHA, Manuela Carneiro da. *Negros, estrangeiros*: os escravos libertos e sua volta à África. São Paulo, Brasiliense, 1985.

DELAZARI, Benedita. *O começo da escravidão negra e o quilombo dos Palmares*. São Paulo: Ed. da Autora, 1987.

DIAS, Maria Heloísa Martins. Irene no céu: poesia e racismo. *D.O. leitura*, São Paulo, v. 108, p. 2-2, mai. 1991.

DUARTE, Constância Lima; DUARTE, Eduardo de Assis; ALEXANDRE, Marcos Antônio (Org.). *Falas do outro*: literatura, gênero, etnicidade. Belo Horizonte: Nandyala; NEIA, 2010.

ESPINHEIRA FILHO, Ruy. *O Nordeste e o negro nas poesias de Jorge de Lima*. Salvador: Fundação das Artes, 1990.

FERREIRA, Sylvio José B. R. *A questão racial negra em Recife*. Recife: Pirata, [198-].

FIGUEIREDO, Carlos. *Me ajude a levantar*: depoimento de Maria Lira, uma mulher do Jequitinhonha. 4. ed. Belo Horizonte: Pedra Verde, s. d.

FIGUEIREDO, Eurídice. *Representações de etnicidade*: perspectivas interamericanas de literatura e cultura. Rio de Janeiro: Sette Letras, 2010.

FONSECA, Maria Soares Nazaré. Escravo. In: BERND, Zilá (Org.). *Dicionário de figuras e mitos literários das Américas*. Porto Alegre: Tomo Editorial; UFRGS, 2007. p. 242-248.

GODOY, Ana Boff de. Identidade crioulizada: a (re)construção de um novo homem. In: BERND, Zilá; LOPES, Cícero Galeno (Org.). *Identidades e estéticas compósitas*. Canoas: Unilasalle; Porto Alegre: UFRGS, 1999. p. 61-82

GOMES, Heloisa Toller. *O negro e o romantismo brasileiro*. São Paulo: Atual, 1988. (Série Lendo)
_____. *As marcas da escravidão*: o negro e o discurso oitocentista no Brasil e nos Estados Unidos. Rio de Janeiro: UERJ, 2009.

GONÇALVES, Ana Beatriz R. Negro (América Latina). In: BERND, Zilá (Org.). *Dicionário de figuras e mitos literários das Américas*. Porto Alegre: Tomo Editorial; UFRGS, 2007. p. 475-478.

GONZALES, Lélia. HASENDALG, Carlos. *Lugar de negro*. Rio de Janeiro: Marco Zero, 1982. (Coleção Dois pontos)

GRAGOATÁ: revista do Programa de Pós-graduação em Letras da UFF – África, novos percursos, Niterói, v. 17, n. 1, jul./dez. 1996.

HOORNAERT, Eduardo. O negro e a Bíblia: um clamor de justiça. *Estudos bíblicos*, Petrópolis, n. 17, 1988.

LES LANGUES NEO-LATINES: journée de réflexion sur les auteurs inscrits aux programmes des Concours de recrutement agrégation et Capes de portugais, Paris, n. 323, dez. 2002.
_____, Paris, n. 327, dez. 2003.

LATEIN AMERIKA: Wilhelm-Pieck-Universität Rostock – Section Lateinamerikawissenschaften, Rostok, v. 23, n. 1, 1988.

LEITE, José Correia. *...E disse o velho militante José Correia Leite*: depoimentos e artigos. Org. Cuti. São Paulo: Secretaria Municipal de Cultura, 1992.

LOBO, Luiza. A pioneira maranhense Maria Firmina dos Reis. *Cadernos Candido Mendes – estudos afro-asiáticos*, Rio de Janeiro, n. 16, p. 91-102, mar. 1989.

LOPES, Nei. *Enciclopédia brasileira da diáspora africana*. São Paulo: Selo Negro, 2004.
_____. *Bantos, Malês e identidade negra*. Belo Horizonte: Autêntica, 2006.

LORRAINE, Bernard. Orixás do candomblé da Bahia. *Exu*, Salvador, n. 16/17, p. 60-67, jul./out. 1990.

LUZ, Marco Aurélio. *Cultura negra e ideologia do recalque*. Rio de Janeiro: Achiamé, 1983.

LUYTEN, Joseph M. *O que é literatura popular*. São Paulo: Brasiliense, 1983. (Coleção Primeiros Passos)

MARGES – Les noirs et le discours identitaire latin-américain, Perpignan, n. 18, 1997.

MONTENEGRO, Abelardo Fernando. *Cruz e Souza e o movimento simbolista no Brasil*. Florianópolis: FCC, 1988.

MORAES, Paulo Ricardo de. *João Cândido*. Porto Alegre: Tchê, 1984. (Coleção Esses gaúchos)

MOREIRA, Maria Eunice (Org.). *Da abolição à república*: a literatura conta a história. Porto Alegre: PUC – RS, 1989.

MOTT, Maria Lúcia de Barros. *Submissão e resistência*: a mulher na luta contra a escravidão. 2. ed. São Paulo: Contexto, 1988.
_____. *Escritoras negras*: resgatando a nossa história. Rio de Janeiro: Centro Interdisciplinar de Estudos Contemporâneos – UFRJ, 1989. (Série Papéis Avulsos)

MOURA, Clóvis. *Brasil*: raízes do protesto negro. São Paulo: Global, 1983. (Coleção Passado e presente)

_____. Da insurgência negra ao escravismo tardio. *Estudos econômicos*, São Paulo, n. 17, p. 37-59, 1987.

_____. *História do negro brasileiro*. São Paulo: Ática, 1989. (Série Princípios)

_____. *Dialética radical do Brasil negro*. São Paulo: Anita, 1994.

MUSSA, Alberto B. N. Estereótipos de negro na literatura brasileira: sistema e motivação histórica. *Cadernos Candido Mendes – estudos afro-asiáticos*, Rio de Janeiro, n. 16, p. 70-90, mar. 1989.

_____. Origens da poesia afro-brasileira. *Cadernos Candido Mendes – estudos afro-asiáticos*, Rio de Janeiro, n. 19, p. 29-60, dez. 1990.

NABUCO, Joaquim. *O abolicionismo*. Rio de Janeiro: Nova Fronteira, 1999.

NASCIMENTO, Elisa Larkin. *Pan-africanismo na América do Sul*: emergência de uma rebelião negra. Petrópolis: Vozes; Rio de Janeiro: IPEAFRO; São Paulo: PUC-SP, 1981.

_____. *Dois negros libertários*: Luiz Gama e Abdias do Nascimento. Rio de Janeiro: IPEAFRO, 1985.

OLSZEWSKI FILHA, Sofia. *A fotografia e o negro na cidade de Salvador*: 1840-1914. Salvador: Fundação Cultural do Estado da Bahia, 1989.

ORGANON: Revista do Instituto de Letras da UFRGS – a mulher e a literatura, Porto Alegre, v. 16, n. 16, 1989.

_____ – literatura brasileira de 70 a 90, Porto Alegre, v. 17, n. 17, 1990.

PEREIRA, André Cesar. Casa-grande. In: BERND, Zilá (Org.). *Dicionário de figuras e mitos literários das Américas*. Porto Alegre: Tomo Editorial; UFRGS, 2007. p. 84-89.

PEREIRA, Edimilson de Almeida; GOMES, Núbia Pereira Magalhães. *Ardis da imagem*: exclusão étnica e violência nos discursos da cultura brasileira. Belo Horizonte: Mazza; PUC-MG, 2001.

_____; _____. *Ouro preto da palavra*: narrativa do Congado em Minas Gerais. Belo Horizonte: PUC-MG, 2003.

PEREIRA, Marcelo; PEREIRA, Edimilson de Almeida; GOMES, Núbia Pereira de Magalhães. *Arturos*: olhos do Rosário. Belo Horizonte: Mazza, 1990.

PÉRET, Benjamin. *O quilombo dos Palmares*. Porto Alegre: UFRGS, 2002.

PERLONGHER, Nestor. *Territórios marginais*. Rio de Janeiro: Centro Interdisciplinar de Estudos Contemporâneos – UFRJ, 1989. (Série Papéis Avulsos)

QUEIROZ Jr., Teófilo de. *Preconceito de cor e a mulata na literatura brasileira*. São Paulo: Ática, 1982. (Série Ensaios)

QUILOMBHOJE (Org.). *Reflexões sobre a literatura afro-brasileira*. São Paulo: Conselho de Participação e Desenvolvimento da Comunidade Negra, 1985.

RETAMAR, Roberto Fernández. *Caliban e outros ensaios*. Trad. Maria Elena Matte. Hiriart e Emir Sader. São Paulo: Busca Vida, 1988.

REVISTA ESTUDOS DE LITERATURA BRASILEIRA CONTEMPORÂNEA, Brasília, n. 31, 2008.

REVISTA TEMPO BRASILEIRO, Rio de Janeiro. v. 1, n. 1, 1962.

RICHARDS, Sandra L. Uma perspectiva de análise para o teatro negro americano. *Cadernos Candido Mendes – estudos afro-asiáticos*, Rio de Janeiro, n. 16, p. 103-111, mar. 1989.

RISÉRIO, Antonio; GIL, Gilberto. *O poético e o político e outros escritos*. Rio de Janeiro: Paz e Terra, 1988.

ROCHA, Everardo T. Guimarães; SANTOS, Joel Rufino dos. BERND, Zilá. *Primeiros passos*. v. 28. São Paulo: Círculo do livro, 1992.

ROCHE, Jean. *Jorge bem/mal amado*. Trad. L. Barthod. São Paulo: Cultrix, 1987.

RUFFATO, Luiz (Org.). *Questão de pele*. Rio de Janeiro: Língua Geral, 2009. (Coleção Língua Franca)

RUFINO, Alzira; IRACI, Nilza; PEREIRA, Maria Rosa. *A mulher negra tem história*. Santos: Coletivo de Mulheres Negras da Baixada Santista, s. d.

RUGENDAS, Johann Moritz. *Viagem pitoresca através do Brasil*. Trad. Sérgio Miliet. São Paulo: USP, 1989.

SANTOS, Guarani. *O que ler sobre o negro no Rio Grande do Sul*: fontes para a pesquisa histórica. Porto Alegre: Conselho de Participação e Desenvolvimento da Comunidade Negra, s. d.

SANTOS, Joel Rufino dos. *Zumbi*. São Paulo: Moderna, 1988.

SANTOS, Olga de Jesus; VIANNA, Marilena. *O negro na literatura de cordel*. Rio de Janeiro: Fundação Casa de Rui Barbosa, 1989.

SAYERS, Raymond S. *Onze estudos de literatura brasileira*. Trad. Roberto Raposo. Rio de Janeiro: Civilização Brasileira; Brasília: INL, 1983. (Coleção Vera Cruz: Literatura Brasileira)

SCHMIDT, Simone Pereira. De volta para casa ou o caminho sem volta em Marilene Felinto e Conceição Evaristo. In: DALCASTAGNÉ, Regina; LEAL, Virgínia

Maria Vasconcelos (Org.). *Deslocamentos de gênero na narrativa brasileira contemporânea*. São Paulo: Horizonte, 2010. p. 23-31.

SILVA, Paulo Vinícius Baptista da. *Racismo em livros didáticos*: estudo sobre negros e brancos em livros de língua portuguesa. Belo Horizonte: Autêntica, 2008. (Coleção Cultura negra e Identidades)

SIMÕES, Maria de Lourdes Netto. A face obscura: a cosmovisão de Jorge Amado em Tocaia Grande. *Exu*, Salvador, n. 3, p. 26-31, abr. 1988.

SANTOS, Ieda Machado R. dos; BITTENCOURT, Eliane Cerqueira. *Três poetas da negritude*. Salvador: Centro de Estudos Afro-Orientais – UFBA, 1981.

SCISINIO, Alaôr Eduardo. *Escravidão e saga de Manoel Congo*. Rio de Janeiro: Achiamé, 1988.

SILVA, Gilberto Ferreira da; SANTOS, José Antônio dos; CARNEIRO, Luiz Carlos Cunha (Org.). *RS negro*: cartografias sobre a produção do conhecimento. 2. ed. Porto Alegre: PUC-RS, 2010.

SOARES, Iaponan. *Ao redor de Cruz e Souza*. Florianópolis: UFSC, 1988.

SODRÉ, Jaime. *A poesia e a música popular*. Trabalho apresentado no Fórum de debates do II Perfil da Literatura Negra da Mostra Internacional SP – RJ, nov. 1987.

SOUZA, Neusa Santos. *Tornar-se negro*: ou as vicissitudes da identidade do negro brasileiro em ascensão social. Rio de Janeiro: Graal, 1983. (Coleção Tendências)

SOUZA, Yvonildo de. Cruz e Souza – corifeu do simbolismo. In: _____. *Grandes negros do Brasil*. Rio de Janeiro: São José, 1963. p. 59-71.

STUDIES in Caribbean and South American literature: an annotated bibliography, 1990. *Calalloo*: a journal of African-American and African arts and letters – Special issue: The literature of Guadeloupe and Martinique, Baltimore, v. 15, n. 1, p. 199-313, Winter 1992.

SUSSEKIND, Flora. *O negro como arlequim*: teatro & discriminação. Rio de Janeiro: Achiamé, 1982.

TAÍRA: revue du centre de recherché et d'etude lusophones et intertropicales, Grenoble, n. 7, 1995.

TEODORO, Maria de Lourdes. *Fricote*: swing – ensaio socioantropológico em ritmo de jazz. Brasília: Thesaurus, 1986.

THE JOURNAL OF AFRO-LATIN-AMERICAN STUDIES & LITERATURES, New Orleans, v. 1, n. 1, Fall 1993-1994.

TINHORÃO, José Ramos. *Os sons dos negros no Brasil – Cantos, danças, folguedos*: origens. 2. ed. São Paulo: 34, 2008.

TRIUMPHO, Vera (Org.). *Rio Grande do Sul*: aspectos da negritude. Porto Alegre: Martins Livreiro, 1991.

VALENTE, Ana Lúcia E. F. *Ser negro no Brasil hoje*. 9. ed. São Paulo: Moderna, 1987. (Coleção Polêmica)

WALTER, Roland (Org.). *Afro-América*: diálogos literários na diáspora negra das Américas. Recife: Bagaço, 2009. (Coleção Letras)

WELTER, Juliane Vargas. Senzala. In: BERND, Zilá (Org.). *Dicionário de figuras e mitos literários das Américas*. Porto Alegre: Tomo Editorial; UFRGS, 2007. p. 564-569.

WESTPHALEN, Flávia Carpes. Quilombola (Brasil). In: BERND, Zilá (Org.). *Dicionário de figuras e mitos literários das Américas*. Porto Alegre: Tomo Editorial; UFRGS, 2007. p. 539-542.

Jornais

ASCHER, Nelson. Tristeza do infinito. *Folha de São Paulo*, São Paulo, 15 mar. 1998. Mais!, p. 10.

BACK, Sylvio. A luz preta. *Folha de São Paulo*, São Paulo, 15 mar. 1998. Mais!, p. 11.

BUENO, Alexei. "Broquéis", de Cruz e Souza, sai em fac-símile. *O Estado de São Paulo*, São Paulo, 27 nov. 1994. Especial Domingo, p. D12

SEBEN, Paulo. Enterrado pela burrice. *Zero hora*, Porto Alegre, 14 mar. 1998. Cultura, p. 6.

Multimídia

ALEIXO, Ricardo. *Jaguadarte*. Disponível em: <http://www.jaguadarte.blogspot.com>. Acesso em: 11 mar. 2011.

AUGUSTO, Ronald. *Poesia coisa nenhuma*. Disponível em: <http://www.poesiacoisanenhuma.blogspot.com>. Acesso em: 11 mar. 2011.
_____. *Poesia-pau*. Disponível em: <http://www.poesia-pau.blogspot.com>. Acesso em: 11 mar. 2011.

CAMARGO, Oswaldo de. *Oswaldo de Camargo*. Disponível em: <http://www.oswaldodecamargo.blogspot.com>. Acesso em: 11 mar. 2011.

DUARTE, Eduardo de Assis (Coord.). *Literafro*: portal da literatura afro-brasileira.

Realização: UFMG, Faculdade de Letras – FALE/UFMG, Núcleo de Estudos Interdisciplinates da Alteridade – NEIA. Apoio: PUC-Minas, CNPq, FAPEMIG. Disponível em: <http://www.letras.ufmg.br/literafro>. Acesso em: 11 mar. 2011.

KIBUKO, Oubi Inaê. *Cabeças falantes*. Disponível em: <http://www.tamboresfalantes.blogspot.com>. Acesso em: 11 mar. 2011.

MACHADO, Carlos. *Ave, palavra!*. Disponível em: <http://www.algumapoesia.com.br>. Acesso em: 11 mar. 2011.

NASCIMENTO, Milton. *Missa dos quilombos*. [S.l.]: Ariola, 1982. 1 disco (51 min.): 33 1/3 RPM, microssulco, estéreo, 201.649.

PEREIRA, Claudinho (Dir.). *Negro grande*. Porto Alegre: Biliqueti, 2010. 1 CD (61 min.), estéreo.

QUILOMBHOJE literatura. Disponível em: <http://www.quilombhoje.com.br>. Acesso em: 11 mar. 2011.

RECANTO das letras. Disponível em: <http://recantodasletras.uol.com.br>. Acesso em: 11 mar. 2011

SOU. Direção: Andreia Vigo. Produção: Bureau de Cinemas e Artes Visuais. Brasil, 2010. 1 DVD (26 min.), Cor/P&B.

Este livro foi composto em tipologias Sabon e Libel
e impresso em papel Pólen 80 g/m² (miolo) e Cartão 250g/m² (capa),
no mês de janeiro de 2021.